U0783299

领导干部履职核心能力建设书系

主编 时和兴

领导干部
依法治理能力建设

封丽霞 著

中央党校出版集团

国家行政学院出版社

NATIONAL ACADEMY OF GOVERNANCE PRESS

图书在版编目（CIP）数据

领导干部依法治理能力建设 / 封丽霞著 . — 北京：
国家行政学院出版社，2022.11

（领导干部履职核心能力建设书系 / 时和兴主编）

ISBN 978-7-5150-2702-9

Ⅰ.①领… Ⅱ.①封… Ⅲ.①社会主义法治—建设—
研究—中国 Ⅳ.① D920.0

中国版本图书馆 CIP 数据核字（2022）第 137515 号

书　　名	领导干部依法治理能力建设	
	LINGDAO GANBU YIFA ZHILI NENGLI JIANSHE	
作　　者	封丽霞　著	
统筹策划	刘韫劼	
责任编辑	刘韫劼	
出版发行	国家行政学院出版社	
	（北京市海淀区长春桥路 6 号　100089）	
综 合 办	（010）68928887	
发 行 部	（010）68928866	
经　　销	新华书店	
印　　刷	北京盛通印刷股份有限公司	
版　　次	2022 年 11 月第 1 版	
印　　次	2022 年 11 月第 1 次印刷	
开　　本	170 毫米 × 240 毫米　16 开	
印　　张	9.75	
字　　数	112 千字	
定　　价	35.00 元	

本书如有印装质量问题，可随时调换，联系电话：（010）68929022

总序

　　领导干部是党和国家事业发展的"关键少数"，是党和国家事业的中坚力量。全面建设社会主义现代化国家，必须有一支政治过硬、适应新时代要求、具备领导现代化建设能力的干部队伍。领导干部的履职能力不仅体现干部队伍的整体素质，更关系党的长期执政、国家长治久安、人民长远幸福。培养造就信念过硬、政治过硬、责任过硬、能力过硬、作风过硬的领导干部队伍，对于实现新时代新征程中国共产党的使命任务，以中国式现代化全面推进中华民族伟大复兴，具有重要战略意义。

　　当前，世界百年未有之大变局加速演进，世界之变、时代之变、历史之变正以前所未有的方式展开，国内改革发展稳定任务艰巨繁重，给领导干部的履职能力提出了一系列新挑战、新要求。建设堪当民族复兴重任的高素质干部队伍，必须着力解决领导干部队伍中存在的本领恐慌、能力不足问题。新时代新征程新任务，要求各级领导干部不断提高政治能力，增强推动高质量发展本领、服务群众本领、防范化解风险本领，加强斗争精神和斗争本领养成，提高统筹发展和安全能力。

　　干部教育培训是干部队伍建设的先导性、基础性、战略性工程。为开发适应领导干部履职需要和学习特点的培训教材，助力打造高素质专业化干部队伍，我们以习近平新时代中国特色社会主义思想为指导，立足中央党校（国家行政学院）作为干部培训主渠道主阵地的职能定位，以党中央对领导干部队伍建设的最新要求为遵循，编写了"领导干部履职核心能力建设书系"，分设《领导干部政治能力建设》《领导干部意识形态能力建设》《领导干部群众工作能力建设》《领导干部调查研究能力建设》《领导干部依法治理能力建设》《领导干部应急处突能力建设》《领导干部心理调适能力建设》《领导干部数字治理能力建设》八册。其中，政治能力是首要能力，在领导干部干好工作所需的各种能力中是第一位的；意识形态能力是关键，反映领导干部在重大问题和重大考验面前辨别政治是非的素质和水平；群众工作能力是根本，是衡量领导干部政治上是否合格、工作上是否称职、领导能力强不强的基本标准；调查研究能力是基础，属于领导干部做好各项工作的前提和必备基本功；依法治理能力是保障，体现深化改革、推动发展、化解矛盾、维护稳定、应对风险的内在要求；应急处突能力是底线，既检验领导干部统筹发展与安全的专业水平，又检验领导干部的见识和胆识、定力和魄力；心理调适能力是支撑，为领导干部全力战胜前进道路上各种困难和挑战、稳定发挥其他各项能力提供内源性动力；数字治理能力是重点，是领导干部适应数字时代治理要求、激发治理活力、转化治理效能的关键性保证。这八大能力相辅相成，构成了新时代领导干部必备的履职能力体系。

本书系各分册的作者为中央党校（国家行政学院）、中国社会科学院大学等相关领域权威专家，保证内容的专业性和权威性。书系聚焦领导干部履职能力建设的核心问题，紧贴党中央关于干部队伍建设和干部教育培训要求，针对各级领导干部工作现实需要，侧重能力要求的理论分析和能力建设的方法阐释，既有深入浅出的学理阐释，又有生动透彻的案例解读，辅以知识链接、延伸阅读、深度思考等板块，启发领导干部坚持在干中学、学中干，在阅读和思考中深度共鸣，为加强各级领导干部履职核心能力建设提供实用参考。

时和兴

2022 年 11 月

目录

新时代为什么要提高领导干部依法治理能力

在新时代全面推进依法治国的进程中，领导干部的依法治理能力是关系党执政兴国、人民美好生活、国家长治久安的重大问题，是推进国家治理体系和治理能力现代化的重要保障。依法治理能力，即领导干部运用法治思维与法治方式深化改革、推动发展、化解矛盾、维护稳定的能力。具体言之，领导干部要坚持和善于运用法治思维和法治方式推进各项工作，以法治思维凝聚改革共识、规范发展行为，以法治方式化解社会矛盾、维护社会稳定、防范和应对各种风险。

一、新时代关于领导干部依法治理能力的要求

党的十八大报告第一次提出要"提高领导干部运用法治思维和法治方式深化改革、推动发展、化解矛盾、维护稳定能力"。2012年12月4日，习近平总书记在纪念现行宪法施行30周年纪念大会上对此进行重申。2013年2月，他在主持十八届中共中央政治局第四次集体学习时强调指出，"各级领导机关和领导干部要提高运用法治思维和法治方式的能力，努力以法治凝聚改革共识、规范发展行为、促进矛盾化解、保障社会和谐"。同年11月，党的十八届三中全会作出《中共中央关于全

面深化改革的若干重大问题的决定》，要求"坚持依法治理，加强法治保障，运用法治思维和法治方式化解社会矛盾"。

2014年10月，党的十八届四中全会作出《中共中央关于全面推进依法治国若干重大问题的决定》，专门对提高领导干部依法治理能力的重要意义和保障机制进行了全面阐述，即"党员干部是全面推进依法治国的重要组织者、推动者、实践者，要自觉提高运用法治思维和法治方式深化改革、推动发展、化解矛盾、维护稳定能力，高级干部尤其要以身作则、以上率下。把法治建设成效作为衡量各级领导班子和领导干部工作实绩重要内容，纳入政绩考核指标体系"，"抓住立法、执法、司法机关各级领导班子建设这个关键，突出政治标准，把善于运用法治思维和法治方式推动工作的人选拔到领导岗位上来"。

2015年2月，习近平总书记在省部级主要领导干部学习贯彻党的十八届四中全会精神全面推进依法治国专题研讨班上再次强调："领导干部要牢记法律红线不可逾越、法律底线不可触碰，带头遵守法律、执行法律，带头营造办事依法、遇事找法、解决问题用法、化解矛盾靠法的法治环境。谋划工作要运用法治思维，处理问题要运用法治方式，说话做事要先考虑一下是不是合法。领导干部要把对法治的尊崇、对法律的敬畏转化成思维方式和行为方式，做到在法治之下、而不是法治之外、更不是法治之上想问题、作决策、办事情。"[①]同年10月，党的十八届五中全会继续要求领导干部"运用法治思维和法治方式推动发展。厉行法治是发展社会主义市场经济的内在要求。必须坚持依法执政，全面

---

① 《领导干部要做尊法学法守法用法的模范　带动全党全国共同全面推进依法治国》，《人民日报》2015年2月3日。

提高党依据宪法法律治国理政、依据党内法规管党治党的能力和水平"①。

2017年10月，党的十九大报告要求领导干部"增强政治领导本领，坚持战略思维、创新思维、辩证思维、法治思维、底线思维"。2019年初，习近平总书记在省部级主要领导干部坚持底线思维防范化解重大风险专题研讨班上强调，领导干部要"提高战略思维、历史思维、辩证思维、创新思维、法治思维、底线思维能力"，善于从纷繁复杂的矛盾中把握规律，不断积累经验、增长才干，切实做好防范化解重大风险的各项工作。

2020年11月，习近平总书记在中央全面依法治国工作会议上着重指出："领导干部具体行使党的执政权和国家立法权、行政权、监察权、司法权，是全面依法治国的关键。各级领导干部要坚决贯彻落实党中央关于全面依法治国的重大决策部署，带头尊崇法治、敬畏法律，了解法律、掌握法律，不断提高运用法治思维和法治方式深化改革、推动发展、化解矛盾、维护稳定、应对风险的能力，做尊法学法守法用法的模范。"②

有目共睹的是，党的十八大以来，领导干部的依法治理能力不断被中央文件所强调，频繁出现在社会各界关注的视线当中。从中央到地方的各级领导干部都强调要在实际工作中提高运用法治思维和法治方式治国理政的能力。这也成为新时代领导干部能力建设的重要内容之一，标志着我们党对执政规律的认识、对依法治国的认识、对领导干部素质和能力建设的认识都达到了一个新高度。

---

① 《中共中央关于制定国民经济和社会发展第十三个五年规划的建议》，人民出版社2015年版，第41页。
② 习近平：《坚定不移走中国特色社会主义法治道路，为全面建设社会主义现代化国家提供有力法治保障》，《求是》2021年第5期。

二、提升领导干部依法治理能力的时代背景与重大意义

在进入新时代的历史方位之下，我国社会主要矛盾已经转化为人民日益增长的美好生活需要和不平衡不充分的发展之间的矛盾。这是关于我国基本国情与未来发展定位的新论断，是关系全局的历史性转变，将直接影响法治在党的事业以及国家与社会生活中的地位与作用。当下，中国社会的主要矛盾不仅是满足人民更高质量的物质需求，还包括更多的获得感、幸福感、安全感以及民主、法治、公平、正义、尊严、权利、当家作主等更具主观色彩的精神需求。这些都启示我们，中国社会对公平正义的渴望比以往任何时候都更加强烈。中国共产党除了承担着领导与实现经济飞速发展的重大任务之外，还肩负着在世界上最大的发展中国家实现社会公平正义的历史使命。

首先，领导干部依法治理能力是实现全面推进依法治国目标与任务的关键所在。这是因为，领导干部具体行使党的执政权和国家立法权、行政权、监察权、司法权，是落实全面依法治国基本方略的"关键少数"。领导干部既应该做全面依法治国的重要组织者、推动者、实践者，也应该成为依法治理的带头人和示范者。党领导立法、保证执法、支持司法、带头守法，主要通过党的领导干部来实现。中国特色国家治理体系和治理能力现代化水平，很大程度上取决于领导干部依法治理的能力和水平。

其次，领导干部依法治理能力是维护人民基本权利、实现人民美好生活的基本保障。现实当中，我国法治建设领域的深层次矛盾，主要体现为人民日益增长的权利需求与法律制度供给不足之间的矛盾，政府公权力与公民私权利之间的矛盾，以及人民日

益增长的社会公平正义的需求与立法滞后、执法不严格不文明、违法不究、司法不公、社会成员普遍法治意识淡薄之间的矛盾。换言之，社会矛盾常常凸显为社会各界对领导干部依法执政、依法行政、公正司法的期待与一些领导干部法治思维不彰与运用法治方式解决问题的能力不足之间的矛盾。正如习近平总书记所指出，"我国改革发展稳定形势总体是好的，但发展中不平衡、不协调、不可持续问题依然突出，人民内部矛盾和其他社会矛盾凸显，党风政风也存在一些不容忽视的问题，其中大量矛盾和问题与有法不依、执法不严、违法不究相关"[①]，"如果领导干部仍然习惯于人治思维、迷恋于以权代法，那十个有十个要栽大跟头"[②]。

再次，领导干部依法治理能力是我们党应对百年未有之大变局的现实之需。随着我国综合国力不断提升、日益走近世界舞台中央，"我国处于近代以来最好的发展时期，世界处于百年未有之大变局，两者同步交织、相互激荡"[③]。在世界百年未有之大变局中，中国并非置身事外的旁观者，而是积极主动的参与者。从国际时局来看，中国与世界的关系发生深刻变化、世界面临的不确定性显著增加，全球治理体系变革加速推进。我们深刻意识到，"当今世界正面临百年未有之大变局，国与国的竞争日益激烈，归根结底是国家制度的竞争"[④]。立足国内和国际两个大局，法治越来

---

① 习近平：《在中共十八届四中全会第二次全体会议上的讲话》，载《习近平关于全面依法治国论述摘编》，中央文献出版社2015年版，第10页。
② 习近平：《各级领导干部要做尊法学法守法用法的模范》，载习近平《论坚持全面依法治国》，中央文献出版社2020年版，第141页。
③ 习近平：《坚持以新时代中国特色社会主义外交思想为指导 努力开创中国特色大国外交新局面》，载习近平《论坚持推动构建人类命运共同体》，中央文献出版社2018年版，第539页。
④ 习近平：《坚持、完善和发展中国特色社会主义国家制度和法律制度》，载习近平《论坚持全面依法治国》，中央文献出版社2020年版，第265页。

越成为国家核心竞争力的重要内容，统筹推进国内法治和涉外法治的任务比以往任何时候都更为繁重和紧迫。这也对领导干部增强涉外法治意识，运用法治思维和法治方式应对外部挑战、防范涉外法治风险，以及提高我国在全球治理体系变革中的话语权和影响力的能力提出了新的更高要求。

最后，领导干部依法治理能力是党和国家长治久安的根本保障与必然要求。新中国成立70多年来，我们党之所以创造出经济快速发展、社会长期稳定"两大奇迹"，同我们党不断推进依法治国进程有着十分紧密的联系。正反两方面的经验告诉我们，法治是治国理政不可或缺的重要手段。全面推进依法治国是关系党执政兴国的根本性问题。不全面依法治国就治不好国、理不好政。

为此，我们党在领导人民治国理政的过程中要更好地发挥法治固根本、稳预期、利长远的保障作用。"全面推进依法治国，是解决党和国家事业发展面临的一系列重大问题，解放和增强社会活力、促进社会公平正义、维护社会和谐稳定、确保党和国家长治久安的根本要求。"[①] "国际国内环境越是复杂，改革开放和社会主义现代化建设任务越是繁重，越要运用法治思维和法治手段巩固执政地位、改善执

---

① 习近平：《关于〈中共中央关于全面推进依法治国若干重大问题的决定〉的说明》，载《中国共产党第十八届中央委员会第四次全体会议文件汇编》，人民出版社2014年版，第68—69页。

理论链接

古人有一句话："三岁看大，七岁看老。"对领导干部的法治素养，从其踏入干部队伍的那一天起就要开始抓，教育引导他们把法治的第一粒扣子扣好。一个干部能力有高低，但在遵纪守法上必须过硬，这个不能有差别。一个人纵有天大的本事，如果没有很强的法治意识、不守规矩，也不能当领导干部，这个关首先要把住。

事实证明，领导干部对法治建设既可以起到关键推动作用，也可能起到致命破坏作用。如果我们的领导干部不能尊法学法守法用法，不要说全面推进依法治国，不要说实现"两个一百年"奋斗目标、实现中华民族伟大复兴的中国梦，就连我们党的领导、我国社会主义制度都可能受到严重冲击和损害。
——习近平：《在省部级主要领导干部学习贯彻党的十八届四中全会精神全面推进依法治国专题研讨班上的讲话》（2015年2月2日）

政方式、提高执政能力，保证党和国家长治久安。"①

综上所言，我们必须充分认识到，领导干部依法治理能力不仅关系到人民的美好生活、国家治理现代化的进程，还关系到中国共产党的长期执政与中华民族的伟大复兴。我国已迈上全面建设社会主义现代化国家新征程，向第二个百年奋斗目标进军，面临中华民族伟大复兴的战略全局和世界百年未有之大变局，全面依法治国既是重要内容，又是重要保障。坚持和发展中国特色社会主义更加需要依靠法治，更加需要加强党对全面依法治国的领导，更加需要提高各级领导干部依法治理的能力和水平。

---

① 习近平：《坚定不移走中国特色社会主义法治道路，为全面建设社会主义现代化国家提供有力法治保障》，《求是》2021年第5期。

一、依法治理的基本内涵

法治，字面含义即依法而治、依法治理。具体而言，是指国家和社会治理主要依据法律这种具有明确性、普遍性、稳定性和可预期性的规则，而不是法律之外的某些命令、社会习俗、宗教教义或办法，更不是个人的主观意志和看法。

（一）法律规则之治

1. 依法治理本质上是一种法律规则治理

依法治理本质上是一种法律规则之治。法律规则是反映社会成员共同意志并为其所认同和遵循的行为规范，具有确定性、可预期、可执行的特点，是判断社会行为是否合法的基本准则，也是国家和社会治理最大最重要的规矩。

权利和义务是法律规则的主要内容和法律关系的核心要素，是判断社会行为是非对错的标准。法律规则以权利和义务为核心内容，以明确、辨别、区分权利和义务为主线，其意义在于：一是使人们知道可以做什么、应当做什么、不能做什么；二是使人们对行为后果有明确预期；三是遇到矛盾时，当事人与裁判者能找到共同的评判标准。法治思维的实质就是不断界定、分析、评价法律关系主体之间的权利义务关系，确定谁有权利、谁有义务及其权利和义务的限度，并且通过法律权利和法律义务的权威性分配与稳定性运行，实现法治的社会指引、评价、预测、教育、惩罚功能。

2. 规则之治的特点

作为一种权威性、确定性和稳定性的规则之治，依法治理有三个基本特点。

首先，合法性是判断社会行为与社会关系正确与否、有效与否最重要的依据和标准。依法治理的重心在于围绕合法与非法来思考与判断一切有争议的行为、主张、利益和关系。凡事考虑其是否合法，也是检验领导干部法治思维有无建立的底线标准，即"法律红线不能触碰、法律底线不能逾越"①。这就要求领导干部把对法治的尊崇、对法律的敬畏转化成思维方式和行为方式，做到在法治之下而不是在法治之外，更不是在法治之上想问题、作决策、办事情。

实践当中，依法治理很多时候表现为一种行为选择，在面临多种问题的解决方式和手段时，领导干部能够首先研判处理方式是否符合法律规定、法治精神等。这里所指的法律规则是广义之法，包括宪法、法律、行政法规、地方性法规和规章等。不

---

① 习近平：《严格执法，公正司法》，载《十八大以来重要文献选编》（上），中央文献出版社2014年版，第721页。

📑 **理论链接**

法律是治国之重器，法治是国家治理体系和治理能力的重要依托。
——习近平：《关于〈中共中央关于全面依法治国若干重大问题的决定〉的说明》（2014年10月20日）

法律是什么？最形象的说法就是准绳。用法律的准绳去衡量、规范、引导社会生活，这就是法治。
——习近平：《在中共十八届四中全会第二次全体会议上的讲话》（2014年10月23日）

治理一个国家、一个社会，关键是要立规矩、讲规矩、守规矩。法律是治国理政最大最重要的规矩。
——习近平：《在中共十八届四中全会第二次全体会议上的讲话》（2014年10月23日）

理论链接

法律规定白纸黑字摆在那儿，要多学学、多看看，心中高悬法律的明镜，手中紧握法律的戒尺，知晓为官做事的尺度。法律是行使权力的依据，只有把这个依据掌握住了，才能正确开展工作。如果一味跟着感觉走，难免偏离法治轨道。

谋划工作要运用法治思维，处理问题要运用法治方式，说话做事要先考虑一下是不是合法，把握不准的就要去查一查党纪国法是怎样规定的，还可以请法律专家、法律顾问帮助把把关。

——习近平：《在省部级主要领导干部学习贯彻党的十八届四中全会精神全面推进依法治国专题研讨班上的讲话》（2015年2月2日）

同的法律规则有效力高低或优先秩序之分。当法律与宪法相矛盾时，以宪法为准；当行政法规与法律相冲突时，以法律为准。当同等级别的旧法规则与新法规则相冲突时，应当坚持"后法优于前法"原则。当同效力级别的特别法规则与一般法规则相冲突时，坚持"特别法优于一般法"的原则。

其次，依法治理是一种以国家强制力作为后盾的底线治理，即法律规则是不可逾越和突破的底线。法治是依法律规则而治，而非政策之治或道德之治。一旦突破了法律底线，就会产生相应的法律后果，当事人就要承担与之相应的法律责任。道德规范则是更高层次的行为要求，很大程度上依赖于人的"良心"发现和自律来实现。在这个意义上，法律是社会的底线道德。只有坚守法治底线，才能让社会成员恪守最低限度的道德要求。

最后，依法治理是一种非人格化的治理，恪守非人格化权威。从人类发展史看，人格化权威与非人格化权威始终存在并发挥各自作用。在我们的文化中，比较崇尚人格化权威，对诸如规则这样的非人格化权威，有时也要尽量转化为人格化权威才能被接受、遵从。比如红灯停、绿灯行，是一种非人格化的权威和制约，但如果没有执法人员在场，这一规则往往就形同虚设，形成独特的"中国式过马路"现象。善于运用法治思维，就要自觉恪守法律的非人格化权威，接受法律的非人格化制约，用法律规则推动工作、解决问题。

3. 处理好法律与政策、道德、乡规民约、宗教风俗等社会规范的关系

在依法治理的实践当中，首先应正确认识法律与党的政策之间的关系。党的政策和国家法律都是人民根本意志的反映，在本质上是一致的。党的政策是国家法律的先导和指引，是立法的依据和执法司法的重要指导。国家法律是贯彻党的政策的重要制度载体，是将党的意志上升为国家意志的根本保障。其次还要正确认识与处理法律规则与社会道德、乡规民约、宗教风俗等社会规范之间的关系。需要强调的是，法律是国家治理的一种规则体系，是诸多社会规范中最基本、最稳定、最可靠的一种，具有最高法律效力。最后，在基层社会治理过程中，还要处理好遵守法律规则与执行上级命令的关系。

以案说理 **A省烟花爆竹企业状告省政府案**

2013年12月，A省政府办公厅转发省安监局等7部门署名第45号文件《关于烟花爆竹生产企业整体退出意见的通知》，要求全省75家企业在2014年12月31日前全部关闭、注销证照，省财政补助每家80万元。接到通知后，24家烟花爆竹企业申请行政复议被驳回，于是联名将省政府告到省会市中院，要求判决45号文件违法、予以撤销。

原告的理由是，企业均持有合法证照、依法纳税，且合法经营多年，应当受到法律保护。45号文

⚖ 法律法规

第八条 公民、法人或者其他组织依法取得的行政许可受法律保护，行政机关不得擅自改变已经生效的行政许可。

行政许可所依据的法律、法规、规章修改或者废止，或者准予行政许可所依据的客观情况发生重大变化的，为了公共利益的需要，行政机关可以依法变更或者撤回已经生效的行政许可。由此给公民、法人或者其他组织造成财产损失的，行政机关应当依法给予补偿。
——《中华人民共和国行政许可法》

件没有法律根据，而且政府补偿过低。原告请求法院判决45号文件因违法而无效。被告称，45号文件是基于公共利益而作出的内部行政行为，目的在于对烟花爆竹生产企业进行整顿提升、淘汰落后生产企业，如被撤销将会造成重大损失。中院判决结果：确认A省人民政府办公厅第45号文件违法；要求本判决生效后60日内采取相应的补救措施。

本案是党的十八届四中全会后首个企业起诉省级政府获得受理并公开开庭审理的案件。案件中，烟花爆竹生产企业整体退出虽然属于产业政策调整的范畴，但调整应当符合法律法规的规定，不能因此损害相对人的合法权益。上述企业通过行政诉讼的方式认定省政府的红头文件违法，有很明显的示范作用和警示作用。所有的行政机关都应该严格依法行政，遵守法定权限和程序、依法履行职责，如有违法则会被宣告无效或者违法。

以案说理 **下级如何对待上级违法命令？**

——H省Y市两名干部因执行上级会议纪要被判滥用职权罪

2012年，Y市政府为让开发商同意停建被公众投诉的车库，相关领导开会并形成会议纪要，以维稳为由，允许开发商给两个小区增高楼层。之后，市城乡规划服务中心主任夏某和用地规划股股长刘某在明知会议纪要违法的情况下，仍按照上级领导要求给开发商办理了新增楼层的许可证。2017年9月，Y市中院二审

⚖ 法律法规

第六十条 公务员执行公务时，认为上级的决定或者命令有错误的，可以向上级提出改正或者撤销该决定或者命令的意见；上级不改变该决定或者命令，或者要求立即执行的，公务员应当执行该决定或者命令，执行的后果由上级负责，公务员不承担责任；但是，公务员执行明显违法的决定或者命令的，应当依法承担相应的责任。

——《中华人民共和国公务员法》

第五条 国家机关负责人员违法决定，或者指使、授意、强令其他国家机关工作人员违法履行职务或者不履行职务，构成刑法分则第九章规定的渎职犯罪的，应当依法追究刑事责任。

……对于具体执行人员，应当在综合认定其行为性质、是否提出反对意见、危害结果大小等情节的基础上决定是否追究刑事责任和应当判处的刑罚。

——《最高人民法院、最高人民检察院关于办理渎职刑事案件 适用法律若干问题的解释（一）》

认定夏某、刘某构成滥用职权罪，但免予刑事处罚。

　　关于此案，一种观点认为，夏某等人违法办理许可证造成国家利益遭受重大损失，应当被认定为滥用职权罪；另一种观点认为，夏某等办理许可证虽然违法，但该行为是在执行上级会议纪要，违法责任应当由作出会议纪要的人承担，下级只是具体执行人，不应当承担法律责任。您怎么看？

（二）公平正义之治

　　公平正义是中国特色社会主义法治的基本属性与价值追求，其核心要义在于实现法律面前人人平等。对社会公平正义的追求、对公民权利自由的平等保护，是现代法治的终极目标追求。依法治理是以公平正义为价值依归的治理方式，以平等对待作为判断评价问题的出发点，以公正司法作为裁决和化解社会纠纷的基本方式。

　　公平正义的法治价值追求，要求在法律的制定过程中贯彻平等原则，不允许个别人或个别集团将自己的权力和利益制度化、合法化；在法律实施过程中，要求落实平等原则，任何人不得凌驾于法律之上，任何组织和个人都不得有超越宪法和法律的特权，做到绝不允许以言代法、以权（钱）压法、徇私枉法。

　　在国家和社会的治理过程中，公平正义必然要求做到严格执法、公正司法。在现代国家，司法理应成为社会公平正义的最后一道防线。努力让人民

理论链接

　　不论处在什么发展水平上，制度都是社会公平正义的重要保证。我们要通过创新制度安排，努力克服人为因素造成的有违公平正义的现象，保证人民平等参与、平等发展权利。要把促进社会公平正义、增进人民福祉作为一面镜子，审视我们各方面体制机制和政策规定，哪里有不符合促进社会公平正义的问题，哪里就需要改革；哪个领域哪个环节问题突出，哪个领域哪个环节就是改革的重点。对由于制度安排不健全造成的有违公平正义的问题要抓紧解决，使我们的制度安排更好体现社会主义公平正义原则，更加有利于实现好、维护好、发展好最广大人民根本利益。
——习近平：《切实把思想统一到党的十八届三中全会精神上来》（2013年11月12日）

　　公正是法治的生命线。司法公正对社会公正具有重要引领作用，司法不公对社会公正具有致命破坏作用。
——《中共中央关于全面推进依法治国若干重大问题的决定》

☰ 理论链接

我曾经引用过英国哲学家培根的一段话，他说："一次不公正的审判，其恶果甚至超过十次犯罪。因为犯罪虽是无视法律——好比污染了水流，而不公正的审判则毁坏法律——好比污染了水源。"这其中的道理是深刻的。如果司法这道防线缺乏公信力，社会公正就会受到普遍质疑，社会和谐稳定就难以保障。

——习近平：《关于〈中共中央关于全面推进依法治国若干重大问题的决定〉的说明》（2014年10月20日）

全面推进依法治国，必须坚持公正司法。公正司法是维护社会公平正义的最后一道防线。所谓公正司法，就是受到侵害的权利一定会得到保护和救济，违法犯罪活动一定要受到制裁和惩罚。如果人民群众通过司法程序不能保证自己的合法权利，那司法就没有公信力，人民群众也不会相信司法。法律本来应该具有定分止争的功能，司法审判本来应该具有终局性的作用，如果司法不公、人心不服，这些功能就难以实现。

——习近平：《在十八届中央政治局第四次集体学习时的讲话》（2013年2月23日）

群众在每起司法案件中都感受到公平正义，很大程度上要通过人们看得见的个案的司法公正来具体实现。简而言之，公平正义，就是绝不能让不公正的审判伤害人民群众感情、损害人民群众权益。如果司法不公正，社会公平正义就会失去这道"主防线"，各种社会矛盾就会外溢到法治轨道之外，甚至酿成社会公共安全事件。

依法治理的公平正义价值追求要求每个领导干部都抛弃特权思想，自觉将自己置于法律的监督和制约之下。在法律规则之下想问题、办事情，去除因人而异的例外思想，是树立法治思维的重要方面。质言之，法治，不是传统意义上的"治民"之法，要求百姓守法，但官员却高于律法、享有法外特权。法治本质上是"治官"而非"治民"，其核心在于要求政府和官员严格按照法律行使职权，没有超越法律的特权。法治，要求对同样违法犯罪的人处以同等处罚，惩罚具有普遍性、必然性和不可避免性，要求无论亲疏、不论贵贱，违法必究。法律惩罚的必然性甚至比其严厉性更具威慑力。

（三）权力制约之治

依法治理是与"无限权力""万能政府"治理观念相区别的一种权力限制和有限政府的治理模式。依据国际通行的法治概念与标准，法治的主要功能在于制约公权、保障私权。我国依法治国实践也以规范和制约公权力为重点内容。权力是一把双刃剑，在法治轨道上行使可以造福人民，在法律之外行使则必然祸害国家和人民。如果法治的堤坝被冲破了，权力的滥用就会像洪水一样成灾。

历史证明，不受约束的权力会成为逃脱牢笼的猛虎。世界各国推崇法治，一个重要目的就是把权力这只猛虎关进制度的笼子里，防止其恣意妄为。可以说，法治的根本问题是解决公民权利与国家权力之间的关系问题，制约权力、保障权利是依法治理的核心要素。

法治固有的取向是：权力来源于法律，权力受制于法律，权力与责任相统一，权力要尊重权利。在公民权利问题上，凡法律所不禁止的，便应推定是公民的权利。即"法无明文不为罪，法无禁止即可为"。在国家权力问题上，凡法律明确授权的必须作为；凡法律未明确授权的，都应推定不得为、不可为。即，"法无授权不可为、法定职责必须为"。权力有限、依法用权的法治思维需要推行权力清单制度，逐条梳理权力事项，给公权力划定边界，让国家机关和工作人员知道哪些可以为，哪些不可为，从而明确自己的职责范围，进一步强化对公权力的监督制约，促使掌握公权力的人慎重对待权力，把自己置于监督约束之下。对于领导干部来说，法治思维的本质要求就是认清、把握权力的本质，充分认识公权力的有限性、受制性，增强用制度约束权力的自觉性、主动性。

📋 理论链接

行政机关要坚持法定职责必须为、法无授权不可为，勇于负责、敢于担当，坚决纠正不作为、乱作为，坚决克服懒政、怠政，坚决惩处失职、渎职。行政机关不得法外设定权力，没有法律法规依据不得作出减损公民、法人和其他组织合法权益或者增加其义务的决定。推行政府权力清单制度，坚决消除权力设租寻租空间。
——《中共中央关于全面推进依法治国若干重大问题的决定》

坚持和完善中国特色社会主义行政体制，构建职责明确、依法行政的政府治理体系。……深化行政执法体制改革，最大限度减少不必要的行政执法事项。……实行政府权责清单制度，厘清政府和市场、政府和社会关系。……推进机构、职能、权限、程序、责任法定化。
——《中共中央关于坚持和完善中国特色社会主义制度 推进国家治理体系和治理能力现代化若干重大问题的决定》

⚖ **法律法规**

第四条 行政强制的设定和实施，应当依照法定的权限、范围、条件和程序。

第十条 行政强制措施由法律设定。

尚未制定法律，且属于国务院行政管理职权事项的，行政法规可以设定除本法第九条第一项、第四项和应当由法律规定的行政强制措施以外的其他行政强制措施。[①]

……

法律、法规以外的其他规范性文件不得设定行政强制措施。

——《中华人民共和国行政强制法》

第四条 设定和实施行政许可，应当依照法定的权限、范围、条件和程序。

——《中华人民共和国行政许可法》

第十条 法律可以设定各种行政处罚。限制人身自由的行政处罚，只能由法律设定。

第十七条 行政处罚由具有行政处罚权的行政机关在法定职权范围内实施。

——《中华人民共和国行政处罚法》

依法治理的权力限制特点，要求国家公权力依据职权法定的原则行使，即国家机关必须根据法律的规定设立，依法取得和行使权力并对其行为后果承担相应的法律责任。简而言之，所有公权力必须依法行使，法无授权不可为、法定职责必须为，权力的存在与运行必须于法有据。具体而言，公权力在运行过程中必须遵循以下原则。

1. 权力法定原则

就行政立法权而言，首先，必须遵循"法律保留"原则，即凡是专属法律所保留的特定事项，譬如采取限制或剥夺公民人身自由、财产及其他重要权利的措施，都只能由法律来加以规定，非经法律授权不得为之。其次，还应遵循"法律优先"原则，即凡是法律已有规定的必须严格依据法律的规定，不得与之相抵触。

凡是执法权都要追问其法律依据；注重执法权的界限，防止越权执法。实施行政行为的组织必须具有行政主体资格，能以自己的名义独立承担法律责任。注重行政执法对社会生活干预的范围与方式，即政府对该管的事必须管好，对不该管的事不要越俎代庖，要最大限度减少行政执法对微观事务的管理。

以案说理 交通协管员有没有权力"贴条"？

"贴条"，通常是指交通执法人员针对违章停车

---

① 《中华人民共和国行政强制法》第九条第一项是限制公民人身自由方面的行政强制措施；第四项是冻结存款、汇款方面的行政强制措施。

行为贴出罚单，一般夹在挡风玻璃雨刮器上。其本质上是一种行政处罚。"协管员"，比较常见的有交通协管员、治安协管员、城管协管员等，无正式编制，工作性质具有临时性，其本质上是不属于行政处罚法规定的执法人员。

根据相关法律法规，实施行政处罚权的主体必须具有行政主体资格，行政处罚应当由具有行政执法资格的执法人员实施。交通协管人员只能协助正规交警进行交通管理工作，只能劝阻、告知、记录交通违法行为。简而言之，只有具有正规编制的交通执法人员才有开罚单的权力。

《中华人民共和国行政处罚法》第三十八条规定："行政处罚没有依据或者实施主体不具有行政主体资格的，行政处罚无效。"第四十二条规定："行政处罚应当由具有行政执法资格的执法人员实施。"

《北京市实施〈道路交通安全法〉办法》第七十八条规定："市和区、县人民政府组建的道路交通安全协管员队伍，协助交通警察维护道路交通秩序，劝阻、告知道路交通安全违法行为。"

2. 比例原则

比例原则即政府行使权力遵循适度原则、最小损害原则，"禁止过度"，所采取的行政处罚、强制等措施应当为实现公共目的所必要，与当事人违法行为的事实、性质、情节以及社会危害程度相当，不得过度限制或侵害个人权利，不得超过必要限度，

⚖ **法律法规**

第五条　行政处罚遵循公正、公开的原则。设定和实施行政处罚必须以事实为依据，与违法行为的事实、性质、情节以及社会危害程度相当。
——《中华人民共和国行政处罚法》

第五条　行政强制的设定和实施，应当适当。采用非强制手段可以达到行政管理目的的，不得设定和实施行政强制。
——《中华人民共和国行政强制法》

不能"简单化""一刀切"粗暴执法。

以案说理 王丽萍诉中牟县交通局行政赔偿纠纷案

2001年9月27日上午，王丽萍借用张军明等人的小四轮拖拉机，装载31头生猪到开封贸易实业公司所设的收猪点销售。路遇查车，中牟县交通局工作人员以没有缴纳养路费为由，向张军明等人送达暂扣车辆凭证，然后将装生猪的3辆两轮拖斗摘下。卸下的两轮拖斗失去车头支撑后，成45°角倾斜。生猪站立不住，往一侧挤压，当场因挤压受热死亡2头。王丽萍将剩下的29头生猪转移到收猪车上，运抵开封时又死亡13头。王丽萍向县交通局申请赔偿，遭县交通局拒绝，遂提起诉讼。

法院判决：小四轮拖拉机正处于运送生猪的途中。县交通局工作人员应该知道，在炎热的天气下，运输途中的生猪不宜受到挤压，更不宜在路上久留。不管生猪归谁所有，都应及时妥善处置后再行扣车。县交通局工作人员甚至在王丽萍请求将生猪运抵目的地后再扣车时置之不理。县交通局工作人员执行暂扣车辆决定，不符合合理、适当的要求，是一种滥用职权的行为。

从本案来看，双方争论的焦点不是暂扣行为的"合法性"问题，而是暂扣行为的"合理性""适当性"问题。交通局工作人员在发现王丽萍使用的车辆没有养路费缴纳标志之后，有多种可供选择的执法方案。而且，王丽萍既没有否认违法行为，也没有表现出要逃跑的意思。由于当时车上尚有生猪需要处置，因此县交通局应当选择暂缓扣车，记下王丽萍相关违法信息、完成笔录，等待生猪处置妥善之后再实施行政处罚。

本案被称为我国"最小损害原则第一案"，刊载于2003年《最高人民法院公报》。最高人民法院在该案"案例要旨"中明确指出：行政机关实施行政行为追求的行政目的与法律保护的权益存在冲突时，应当采取对相对人权益造成最小损害的执法措施。行政机关在执法过程中单纯追求执法效果，采取明显超过必要限度的执法方式且对相对人权益造成较大损害的，属于滥用职权。

3. 诚信原则

诚信原则即政府必须讲信用、守承诺，不得随意改变已经作出的决定。行政机关公布的信息应当全面、准确、真实。应保持政策的稳定性，不能朝令夕改，让人无所适从。

政府的各项规定、命令不得溯及既往。非因法定事由并经法定程序，行政机关不得撤销、变更已经生效的行政决定；因国家利益、公共利益或者其他法定事由需要撤回或者变更行政决定的，应当依照法定权限和程序进行，并对行政管理相对人因此而受到的财产损失依法予以补偿。

📖 **延伸阅读**

警惕基层治理的"塔西佗陷阱"

古罗马历史学家塔西佗提出其著名的"塔西佗陷阱"理论。即，当政府缺乏公信力的时候，无论是好的政策还是坏的政策，都会得罪老百姓；无论政府说

📄 **理论链接**

子贡问政。子曰："足食，足兵，民信之矣。"子贡曰："必不得已而去，于斯三者何先？"曰："去兵。"子贡曰："必不得已而去。于斯二者何先？"曰："去食。自古皆有死，民无信不立。"
——《论语·颜渊》

法者，国家所以布大信于天下。
——（唐）戴胄

真话还是说假话，老百姓都不会相信。这无疑是一种极其糟糕的政府形象与社会治理状况。一旦陷入这个陷阱，民众对政府公权力的信任就会逐步减退以致丧失。

政府依法行政、社会依法治理是避免"塔西佗陷阱"的必由之路。唯有法律有执行力，政府才有执行力；唯有法治有公信力，政府才有公信力；唯有法治政府，才有诚信政府。只有在政府与民众遵守共同法治的基础之上，政府的行动目标与人民的意志和期待产生共鸣、协同推进，我们的社会治理才会获得广泛的社会公信力与认同度。

新官为什么要理旧账？

"新官不理旧账"通常是指，同级新一届政府及其领导人更替、进行权力交接之后，不承认上一届政府和领导人对公民或市场主体作出的合同、承诺、债务，对上一届政府和领导人遗留下来的法律责任"任性甩锅"、推诿扯皮等行为。政府的这种"政策不延续""承诺不兑现"等违约毁约现象必然导致市场主体利益严重受损，也暴露出一些基层政府失信、政策因人而异、人去政息等诸多问题，给当地营商环境造成诸多负面影响。

就此，李克强总理指出："有些地方政府的某些行为不好，新官不理旧账，换了一个官，过去的合同就不算了。政贵有恒，你不能把合同当废纸，对此我们是坚决制止的，而且要予以处罚。"

⚖ **法律法规**

第三百九十七条 国家机关工作人员滥用职权或者玩忽职守，致使公共财产、国家和人民利益遭受重大损失的，处三年以下有期徒刑或者拘役；情节特别严重的，处三年以上七年以下有期徒刑。本法另有规定的，依照规定。
——《中华人民共和国刑法》

第二条 国家机关和国家机关工作人员行使职权，有本法规定的侵犯公民、法人和其他组织合法权益的情形，造成损害的，受害人有依照本法取得国家赔偿的权利。本法规定的赔偿义务机关，应当依照本法及时履行赔偿义务。
——《中华人民共和国国家赔偿法》

4. 责任原则

责任原则即公权力在行使过程中有权必有责、用权必担责、违法必追责，权责一致、错责相当。具体而言，国家机关工作人员在行使公权力的过程中，如果有违法履职或履职不当、失职失责的情形，必须追究其法律责任。如果给公民、法人或其他社会组织造成利益损害，应履行国家赔偿义务。

对于国家公职人员的问责，必须以事实为根据、以法律为准绳，定性准确、处理恰当、程序合法。非因法定事由、非经法定程序，公职人员不受法律问责。

（四）权利保障之治

依法治理是一种以保障公民权利为目标的治理模式。其基本要义是，公民权利只有经过法律才可限制，否则就是非法侵权、破坏法治；国家权力源自人民的授权，未经授权的权力都保留在人民手中，执法机关如果使用，就是滥用权力，也是破坏法治。当公权力和私权利发生冲突时，没有正当理由和法定程序，不能随意牺牲私权利以满足公权力的要求。这就要求公权力既要有所作为，切实保护私权利的正常行使和实现；同时也要有所不为，不能损害民众利益或者与民争利。

我们只有不断满足人民日益增长的美好生活需要，不断促进社会公平正义，才能形成有效的社会治理、良好的社会秩序。我们只有依法保障全

⚖ **法律法规**

第三条　党的问责工作应当坚持以下原则：

（一）依规依纪、实事求是；

（二）失责必问、问责必严；

（三）权责一致、错责相当；

（四）严管和厚爱结合、激励和约束并重；

（五）惩前毖后、治病救人；

（六）集体决定、分清责任。

——《中国共产党问责条例》

第四条　给予公职人员政务处分，坚持党管干部原则，集体讨论决定；坚持法律面前一律平等，以事实为根据，以法律为准绳，给予的政务处分与违法行为的性质、情节、危害程度相当；坚持惩戒与教育相结合，宽严相济。

第五条　给予公职人员政务处分，应当事实清楚、证据确凿、定性准确、处理恰当、程序合法、手续完备。

第六条　公职人员依法履行职责受法律保护，非因法定事由、非经法定程序，不受政务处分。

——《中华人民共和国公职人员政务处分法》

第二百零七条　国家、集体、私人的物权和其他权利人的物权受法律平等保护，任何组织或者个人不得侵犯。

——《中华人民共和国民法典》

理论链接

各级领导干部要做学习、遵守、维护民法典的表率，提高运用民法典维护人民权益、化解矛盾纠纷、促进社会和谐稳定能力和水平。
——习近平：《充分认识颁布实施民法典重大意义，依法更好保障人民合法权益》（2020年5月29日）

人民是依法治国的主体和力量源泉，人民代表大会制度是保证人民当家作主的根本政治制度。必须坚持法治建设为了人民、依靠人民、造福人民、保护人民，以保障人民根本权益为出发点和落脚点，保证人民依法享有广泛的权利和自由、承担应尽的义务，维护社会公平正义，促进共同富裕。
——《中共中央关于全面推进依法治国若干重大问题的决定》

民心是最大的政治，正义是最强的力量。正所谓"天下何以治？得民心而已！天下何以乱？失民心而已！"
——习近平：《在第十八届中央纪律检查委员会第六次全体会议上的讲话》（2016年1月12日）

体公民享有广泛的权利，保障公民的人身权、财产权、基本政治权利等各项权利不受侵犯，保证公民的经济、文化、社会等各方面权利得到落实，才能做到法治建设"不忘初心"，才能赢得人民群众发自内心的拥护，才能推动形成民众遇事找法、维权靠法、用法律解决问题的社会氛围。相反，如果不能保护好人民群众的合法权益，仅靠国家强制力保障的法治是缺乏社会根基的，也是难以长期维系的。

作为一种"权利保护"型治理模式，依法治理首先，要求以科学立法的形式明确规定公民的人身权、财产权和人格权，将人民美好生活所内含的基本内容以法律形式确定下来，保证公民基本权利得到法律的尊重与保护。通过完善教育公平、平等竞争、就业与社会保障等方面的立法，逐步建立权利公平、机会公平、规则公平的法律保障机制。其次，通过加强法治政府建设，推进严格规范文明执法，法无授权不可为、法定职责必须为等法治原则的落实来真正保障公民的自由与安全。再次，通过建立公正、高效、权威的司法，为公民提供有效的法律救济渠道，使公民的合法诉求得到有效表达，努力实现让人民群众在每个司法案件中都感受到公平正义。最后，通过法治社会建设，提高公民法治意识和培育全民守法的良好氛围，主要通过法治方式化解私权利与私权利之间的民间矛盾和纠纷。

📖 **延伸阅读**

马锡五审判方式

陕甘宁边区抗日战争时期实行的一套将群众路线的工作方针运用于司法审判工作的审判方式，被称为"东方审判经验"。由陕甘宁边区高等法院马锡五首创。其主要特点是：（1）深入群众，调查研究，实事求是；（2）简化诉讼程序，不拘形式，方便人民；（3）审判与调解相结合，通过解决并纠正疑难与错案，使群众在审判活动中得到教育；（4）采用座谈式而非坐堂式审判，实行巡回审判、就地审判。这种审判方式，既坚持原则又方便群众，维护群众的根本利益，在人民司法审判史上产生了重要影响。

评剧电影《刘巧儿》的故事原型，就是马锡五曾审理的一起婚姻上诉案件。毛泽东同志对马锡五审判方式的评价是"一刻也离不开群众"。马锡五审判方式，被誉为"人民司法工作的一面旗帜"。

（五）正当程序之治

1. 依法治理是一种注重程序正义的治理模式

依法治理的目标在于消除社会治理过程中的恣意与不确定性。这就需要在推进各项工作的过程中注重程序正义，强调公正的法律程序的优先性。这是因为，"正是程序决定了法治和恣意的人治之间

📄 **理论链接**

坚持人民司法为人民，依靠人民推进公正司法，通过公正司法维护人民权益。
——《中共中央关于全面推进依法治国若干重大问题的决定》

法律不应该是冷冰冰的，司法工作也是做群众工作。一纸判决，或许能够给当事人正义，却不一定能解开当事人的"心结"，"心结"没解开，案件也就没有真正了结。
——习近平：《在十八届中央政治局第四次集体学习时的讲话》（2013年2月23日）

政法机关是老百姓平常打交道比较多的部门，是群众看党风政风的一面镜子。如果不努力让人民群众在每一个司法案件中都感受到公平正义，人民群众就不会相信政法机关，从而也不会相信党和政府。
——习近平：《严格执法，公正司法》（2014年1月7日）

正义不仅要实现，而且要以看得见的方式去实现。
——法律谚语

要守法律、重程序，这是法治的第一位要求。
——习近平：《在省部级主要领导干部学习贯彻党的十八届四中全会精神全面推进依法治国专题研讨班上的讲话》（2015年2月2日）

的基本区别"①。长期以来，我国法治实践中偏重于追求实体正义，而对程序正义重视不够。一些公检法机关配合有余、制约较少，忽视程序正义要求，导致冤假错案时有发生。只有按照程序运行的权力，以程序限制恣意，才可能远离专制与暴力。领导干部在社会治理的过程中是否遵循程序正义的法治逻辑，也是衡量其依法治理能力的一个重要标志。

2. 程序正义的基本要求

程序正义是实体正义的重要保证。其基本要求就是分析问题特别是处理问题应当按照法定程序进行。在依法治理的过程中，不仅要考虑实体上是非对错，更要确定一套公权力行使的开放、公平、透明的程序规则，实现机会公平、过程公平。法治对于程序的基本要求如下：一是任何人不能做自己案件的法官，与案件有利害关系的执法者、司法者应实行案件回避原则；二是同等情况同等对待，同等关注；三是权力在阳光下公开运行，立法、执法、司法活动在一般情况下应"以公开为原则，以不公开为例外"；四是如果要对利害关系人的权利义务进行调整，尤其是要作出对其不利的决定时，应当听取当事人意见，依法保障行政管理相对人、利害关系人的知情权和救济权。

领导干部在立法、执法和司法过程中，都应当

① 季卫东：《法治秩序的建构》，中国政法大学出版社1999年版，第3页。

⚖ **法律法规**

第二十九条 审判人员、检察人员、侦查人员有下列情形之一的，应当自行回避，当事人及其法定代理人也有权要求他们回避：

（一）是本案的当事人或者是当事人的近亲属的；

（二）本人或者他的近亲属和本案有利害关系的；

（三）担任过本案的证人、鉴定人、辩护人、诉讼代理人的；

（四）与本案当事人有其他关系，可能影响公正处理案件的。

——《中华人民共和国刑事诉讼法》

第五十五条 当事人认为审判人员与本案有利害关系或者有其他关系可能影响公正审判，有权申请审判人员回避。审判人员认为自己与本案有利害关系或者有其他关系，应当申请回避。

——《中华人民共和国行政诉讼法》

贯彻正当程序原则。行政执法过程中，正当程序要求建立事前公开、事中参与、事后告知等机制。行政决策在制定和实施过程中要有公众的有效参与，引导民众对程序结果的认同和肯定。司法过程中，正当程序要求建立法官中立、当事人平等、审判公开等保障机制。

显然，法律所设定的程序对每个人都是相同的，按程序办事，最终结果即使不尽如人意，但因公平、透明，各种不满都会自我释然。借助程序这个"操作杠杆"，可以把利益的博弈以及价值衡量等转化为以法律语言表达的权利诉求，并得以公正的判断与裁决。正是通过程序的作用，偏见和恣意等消极因素在思维过程中才得以消除，个案公正才能转化为普遍的公正，并且转化为能够为人们所感知认识到的正义。

3. 程序正义的制度保障

从人类生活经验看，程序优先的价值就是从制度上最大限度地维护人们在起点、过程上的公平，从而实现"看得见的正义"。依法治理的首要特征就是讲规则、讲程序，这是进行科学决策的前提。正如马克思所说，当规则利己和偏私的时候，公正就没有任何意义了。行政权和司法权作为国家权力，如果不能中立公正行使，就会导致寻租越轨，丧失公信力。

法治政府的运行也是如此，政府要按照利益回

⚖ **法律法规**

第五条 立法应当体现人民的意志，发扬社会主义民主，坚持立法公开，保障人民通过多种途径参与立法活动。
——《中华人民共和国立法法》

第十一条 人民法院审判案件，除本法另有规定的以外，一律公开进行。被告人有权获得辩护，人民法院有义务保证被告人获得辩护。
——《中华人民共和国刑事诉讼法》

第五条 行政机关公开政府信息，应当坚持以公开为常态、不公开为例外，遵循公正、公平、合法、便民的原则。
第六条 行政机关应当及时、准确地公开政府信息。
——《中华人民共和国政府信息公开条例》

📄 **理论链接**

构建开放、动态、透明、便民的阳光司法机制，推进审判公开、检务公开、警务公开、狱务公开，依法及时公开执法司法依据、程序、流程、结果和生效法律文书，杜绝暗箱操作。加强法律文书释法说理，建立生效法律文书统一上网和公开查询制度。
——《中共中央关于全面推进依法治国若干重大问题的决定》

理论链接

程序不是次要的事情，只有依靠程序公正，权力才可能变得让人能容忍。程序公正与规范是自由不可或缺的内容。程序规则限制了行政活动的自由，遵循这些程序还须花费时间和金钱。但他们主要是维持公正的原则，可以减少苦怨，所以程序规则促进效率而不是阻碍效率。

——[美]威廉·韦德

避原则，避免既当运动员又当裁判员。在一些地方和部门的改革过程中，为什么有些"硬骨头"啃不下去？很大一部分是由程序不完善，或者有了程序却绕着走造成的。

"和尚分粥"的故事很好地说明了中立公正的程序的价值和意义：为了避免"掌勺者自肥"或"掌勺者寻租"现象，粥分好后，按照"大家先挑，掌勺者后挑"的原则进行分配。

延伸阅读

和尚分粥的经典故事

有个庙里住了7个和尚，每天共食一锅粥。但因人多粥少，大家总是抢着吃却总吃不饱，所以和尚们想公平合理地解决这个问题。为此，他们试验了下面几种不同的方法。

方法一：指定一个人分粥。但他们很快就发现，这个人为自己分的粥最多，于是又换了一个人，结果总是主持分粥的人碗里的粥最多。方法二：大家轮流主持分粥。每人一天，虽然看起来平等了，但每周他们只有自己分粥的那一天能吃饱。方法三：推选出一个品德高尚的人来分粥。刚开始他能做到公平分粥，但没多久，就开始为自己和溜须拍马的人多分，其他人就吃不饱。方法四：成立一个分粥委员会和监督委员会，形成监督和制约机制。可是这两个委员会互相扯皮，等分下来，粥吃到嘴里全是凉的。方法五：轮流分粥，但是要求分粥的人要等其他人都挑完之后，才能拿剩下的最后一碗。令人惊奇的是，采用第五种方法后，七碗粥几乎每次都一样多，就像用仪器量过一样。

在这个故事当中，分粥者是决策者、权力行使者，取粥者是执行者、喝粥的"权利拥有者"。把分粥与取粥分开，就是将职责与权利分离。用通俗的话说，叫"不能既当运动员，又当裁判员"。这个故事对我们的启示是，只有通过科学的程序设计，才能够在社会成员无限多的欲望与有限的自然社会资源（僧多粥少）之间实现公平、有效的分配，最大限度满足社会成员需求。

这个故事也说明了一个深刻的道理，即道德永远取代不了规则。科学缜密、行之有效的程序和制度设计，才能够维护社会公正和效率、保证权力与责任的平衡。人们的行为选择完全可以因为制度的不同而截然不同。社会管理者的主要职责就是要建立一个像"轮流分粥，分者后取"这样合理的规则，让社会成员按照规则进行自我管理，引领社会生活公正有序运行。

以案说理　于艳茹诉北京大学撤销学位案

于艳茹2013年毕业于北京大学，获历史学博士学位，博士毕业后进入中国社科院世界历史研究所博士后流动站。她在毕业前向《国际新闻界》杂志投稿，在其毕业后文章获发表，署名"中国社科院博士后"。2014年，该文被《国际新闻界》杂志公布属于抄袭，成为重大学术丑闻。2015年，北京大学学位委员会认为于艳茹在博士期间完成的文章抄袭，不符合授予学位的条件，决定撤销她的博士学位，但作此决定时没有听取她的意见，也没有给她申辩的机会。就此，于艳茹向海淀法院提起诉讼。2017年1月，海淀法院一审判决北京大学败诉。6月，北京市一中院二审维持原判。

于艳茹究竟是否应该被撤销学位呢？此案中，法院选择回避实体问题，只裁判程序问题，以北京大学学位委员会作出撤销于艳茹博士学位决定时没有听取她的意见，也没有给她申辩的机会，即违反法定程序为由，判决北京大学败诉。

（六）实践理性之治

理性，即运用明确、抽象、稳定、可预测的规则和程序，而非依靠直觉、情绪、传统或常识来解决问题。博登海默曾说，理性乃人用智识理解和应对现实的能力。依法治理是一种有别于人情思维、感性思维的理性治理，其实践理性特质主要体现为依据既有法律规则进行决策和执行，使得国家和社会治理具备明确性、稳定性、可预期的特点，使得国家权力运行符合社会成员的理性期待。

传统乡土中国的治理很大程度上是一种注重人格化差异的"非理性"治理，其思考问题和作出评判所遵循的是"情、理、法"的逻辑顺序。情理社会的治理，强调人与人之间的"内外"之异、"亲疏"之分、"远近"之别。而依法治理的要义在于"法律面前人人平等"。依法治理强调的是以既有规则为前提的理性治理，是一种以事实与规则认定为中心的治理方式。当然，依法治理也并不是一味排斥"情理"，而是在法律规则的前提下关注情理。现代社会的"法理"基础比传统社会的"情理"基础更为重要。当情理与法律规则发生冲突时，应当懂情理、明事理、讲法理。

作为一种定分止争、化解矛盾、救济权利的实践理性，依法治理的一个突出特征在于实现对各种价值和正当利益的合理平衡，因而依法治理的过程必然体现着利弊权衡、各方兼顾的辩证思维特征，要处理好当前和长远、局部和全局、个别和一般的关系，尽可能把事情考虑得更周全，把方案设计得更缜密，努力把负面影响消化掉，不能为了解决一个问题而引发新问题，为了出台一个政策而引起其他政策的负面效应。

法律由于合理界定了权利义务、确定了利益关系，总结了权衡精于度的各种经验，能够有效保障各利益主体的合理利益和平衡各利益主体的关系。在法治原则之下，宪法和法律规定就是看问题、作决策、办事情的度量衡。运用法治思维和法治方式处理问题，需要在利益与正义、自由与秩序、公平与效率、安全与限制、平等与差别、生存与发展等不同价值之间进行平衡、把握尺度，做到既尊重多数又保护少数，既维护秩序又尊重自由，既维稳又维权，既注重形式正义又注重实体正义，既高屋建瓴、搞好顶层设计，又脚踏实地、做到切实管用，既讲近功又求长效，以实现双赢甚至多赢。

二、依法治理的法治思维

在新时代全面依法治国的语境之下，依法治理即运用法治思维与法治方式进行国家与社会治理的各项

理论链接

法治是国家治理体系和治理能力的重要依托。只有全面依法治国才能有效保障国家治理体系的系统性、规范性、协调性，才能最大限度凝聚社会共识。

我们既要立足当前，运用法治思维和法治方式解决经济社会发展面临的深层次问题；又要着眼长远，筑法治之基、行法治之力、积法治之势，促进各方面制度更加成熟更加定型，为党和国家事业发展提供长期性的制度保障。

——习近平：《坚定不移走中国特色社会主义法治道路，为全面建设社会主义现代化国家提供有力法治保障》（2020年11月16日）

工作与活动的总和。因此，要进一步深化对"依法治理"内涵概念的认知，需要对"法治思维"的内涵与特点进行分析和阐释。

何为法治思维？简言之，法治思维是以现代法治观念为基础，主要依据现行法律规则、法律原则和优先服从法律的要求进行分析、研判、决策以及作出行为选择的理性思考方式。[1]是否具备法治思维是新时代领导干部的执政能力与党性修养是否健全的重要标志。

与法治思维相关的思维方式，包括我们熟知的人治思维、德治思维、行政思维、经济思维、人情思维、特权思维等。应该充分认识到，领导干部提升依法治理能力的过程，很大程度上就是一个不断认识、辨别法治思维与上述思维之间的差异与关联，并逐步确立以法治思维作为主导性工作思维的过程。

（一）法治思维与人治思维

1. 法治与人治的区别

人类社会治理的历史长河中，人治和法治这两种治理方式一直交织共存、相伴而生，是政治权力运行和国家治理最基本的两种方式。从字面意义上可以说，法治的对立面是人治。法治与人治是相互矛盾的概念，是完全对立的，没有中间状态。换言之，

---

[1] "法制"与"法治"的区别主要表现为："法制"很大程度是指静态意义上的"法律和制度"的简称，而"法治"所表达的是动态意义上的立法、执法、司法、守法等法律运行的状态和过程。"法制"很大程度是一个价值中立的概念，不预设价值取向，而"法治"强调人民民主、法律平等、权力制约、人权保障、社会公平正义等价值取向。在与人治的关系上，"法制"可以与人治并存，但"法治"与人治截然对立，有人治即无"法治"。"法制"侧重于强调民众遵纪守法、依法办事，"法治"重在强调规范与制约公共权力、把权力关进制度的笼子里，并以此来保障公民权利。"法制"可以在奴隶社会、封建社会、资本主义社会、社会主义社会等不同社会形态甚至在法西斯国家存在，但"法治"的实现需要现代市场经济与民主政治作为必要条件。

一个社会不是法治就是人治，不能说一个社会一半人治一半法治，更不能说希望通过人治来推动法治。

法治，就其字面含义而言是"法律的统治"。即表明法治是治国理政的基本方式，法律在国家治理中享有至上的权威。法律规则具有公开、明确、稳定、不溯及既往等形式上的特质。这些特质使法治能够提供一种相对的"确定性"，使受制于其下的人们可以按照既定的法律规则预测何为合法、何为非法，至少能够可预期地"安排"和"规划"自己的生活。为保证这种"可预测性"和"确定性"的实现，法治要求执法者、司法者严格按照既定法律进行执法或裁判。

为什么现代社会治理推崇法治，摒弃人治呢？这是因为，法治相对于人治更具有正当性，能带来更多的公共利益，降低更多的执政风险和成本。如果不能被称为最好的统治方式，那么法治应该是最可能和最可欲的，至少不是最坏的治理方式。因此，法治被认为是现代国家治理的基本方略和主要方式。在法治国家，所有国家公权力的取得与丧失，其运行的范围、权限、程序、方式等都应由法律作出明确的规定，并按照法律运行，从而防止人治的任性与恣意。就此，亚里士多德有一句精彩的论断："一个人的统治，就在政治中混入了兽性的因素。常人既不能完全消除兽欲，虽最好的人也未免有热忱，这就往往在执政的时候引起偏向。法律恰恰正是免除一切情欲影响的神祇和理智的体现。"因此，谁都承认法律是最优良的统治者。

人治是相对于法治而言的。人治按字面理解就是人的统治，主要指依靠人的意志和命令而非普遍、公开、确定的规则进行统治和治理的方式。许多人往往误认为"人治就是一人之治"，比如人治就是古代的君主之治，或是现代我们常常诟病的"一把手说了算"。的确，一人之治是人治最典型的形式。但人治中的人，可以是一个人，如君主制；也可以是少数人，如寡头制。

作为一种治国理政的基本方略，法治的提出直接针对的就是摒弃人治的弊端，即人治的不可预测性、任意性和自利性。人非圣贤，都是容易在情感、利益的驱使下倾向于自利和偏私的行为。依靠人的意志进行国家治理的缺陷也正在于此：一方面人的意志形式上缺乏规则的普遍性、公开性，往往是针对不同的情况、不同的对象作出不同的判断和处理，缺乏形式上统一的标准来引导他人的行为，造成民众生活不可预期、无所适从，担心事后追惩；另一方面，基于人性的缺陷，实质上容易由于自利和偏私造成公正的缺失。

人治倾向于把公权力视为私人物品，依据个人的意志和偏好行动。而法治则是用公开、明确的规则限制权力私用。显然，法治会束手束脚，而人治会拥有众多自由裁量权和特权。但是，人治并非一无是处。首先，现代社会发展迅速，法律永远跟不上社会发展变化的节奏，法律规定往往滞后。人治的灵活性有时能避免法律滞后的缺陷。其次，法律不可能事无巨细、预见并规定所有情形，通过人治能填补这些法律的空白。再次，由于较少受到程序和规则的束缚，人治很多时候可以集中力量办大事，效率高于法治。特别是在重大事项或者突发事件的紧急状态之下，应对更具灵活性、针对性和有效性。同时，人治实际上亦是不可避免的。即使遵循法治，法律也不是在真空环境下自我运行的，人的介入不可避免。法律运行的各个环节都有人的因素介入，无论是警察、行政官员、检察官还是法官，在依法行为时必然体现了其对法律的理解。最后，现实生活中还有大量法律没有规定以及法律领域之外的事项，都不可避免地要求人的意志发挥重要作用。

2. 法治与人治的联系

关于法治与人治二者的关系，应从以下几个方面去理解。

第一，没有法律一定没有法治，但有法律不一定有法治。法治是规则之治，是按照法律规则来治理国家的一种方式。没有法律当然就谈不上有法治。但是，有法律只解决了法治的前半部分，法律能不能得到很好的实施又是另外一回事。换言之，没有法律就一定没有法治，但是有了法律也不一定有法治，把良好的法律付诸实施才叫作法治。这正如亚里士多德所言，法治应包含两重意义：已成立的法律获得普遍的服从，而大家所服从的法律又应该是本身制定得良好的法律。

第二，人治社会未必就没有法律。从我国历史上看，自战国《法经》之后，各朝各代都编纂了规模宏大的法典，如《秦律》《九章律》《唐律疏议》《宋刑统》《大元通制》《大明律》《大清律》。但是，我们能不能说我们在封建时代就有了当时世界上最完善的法治呢？当然不能。因为，在封建时代一切都由皇帝说了算，言出法随，朕即国家。法律只是"官法"和"王法"，是用来管制和惩治属民的工具。所以说，人治社会也可以有法律。历史上很多极其专制独裁的国家都有法律，包括德国法西斯纳粹时期也制定了很多法律。

第三，法治并不排斥发挥人的作用。我们讲法治，并非不重视政治领袖的作用、不重视英雄人物的作用。任何一个法治国家，个人的作用特别是领袖人物的作用都是非常重要的。人民创造历史，杰出人物在推动历史进程当中也起到了很重要的作用。法治强调法律规则在国家治理中的基础性作用，但是绝不否定杰出人物的重要决策与引领作用。

综上所言，法治与人治的最大差别并不在于有没有法律，有多少法律，而在于法律在国家治理中的基础性地位和至上权威。质言之，就是法在人之上、还是在人之下的问题。在依据法律作出判断之后，个人能不能否定它、推翻它，即依据法律所作的判断是不是具有最终决定意义、效力最高的判断，这是区分法治与人治的最根本问题。

在现代国家治理的过程中，人的因素和人的作用是不可或缺和不可避免的。因此，法治与人治的关系问题，在实践当中可以具体化为如何在法治的框架下合理发挥人的主观能动性、限制人性的缺陷的问题。两者能有机结合，就能趋向一种更优质高效的权力运行和国家治理方式。具体而言，问题就归结为，如何在法治的框架下规范和控制人的自由裁量权，既能依法办事又能很好地发挥人的主观能动性。

对这个问题的思考是：首先，通过完善法律的规定对人的自由裁量权加以规范和限制。一是对于自由裁量权的运行作出更细致、更可行的规定，尽可能缩小其范围；二是通过法律原则指导自由裁量权的行使，比如正义原则、诚实信用原则、权利尊重和保证原则、比例原则等。其次，通过制度设计防止自由裁量权的滥用。一是完善权力授予和干部

理论链接

徒善不足以为政，徒法不足以自行。

——《孟子·离娄上》

得其人而不得其法，则事必不能行；得其法而不得其人，则法必不能济。人法兼资，而天下之治成。

——海瑞：《治黎策》

法治和人治问题是人类政治文明史上的一个基本问题，也是各国在实现现代化过程中必须面对和解决的一个重大问题。综观世界近现代史，凡是顺利实现现代化的国家，没有一个不是较好解决了法治和人治问题的。相反，一些国家虽然也一度实现快速发展，但并没有顺利迈进现代化的门槛，而是陷入这样或那样的"陷阱"，出现经济社会发展停滞甚至倒退的局面。后一种情况很大程度上与法治不彰有关。

——习近平：《在中共十八届四中全会第二次全体会议上的讲话》（2014年10月23日）

选拔方式，使选上来的人不会、不愿也不敢滥用权力；二是完善监督机制，通过强有力的事后追责防止其滥用权力；三是对于自由裁量权的运用作出具体的程序要求，比如权力运行的公开性、透明性、对抗性等，保证权力不被或难以被滥用。最后，加强社会舆论和公众的外部监督，保证在法定权限范围内行使自由裁量权。

（二）依法治国与以德治国

依法治国和以德治国相结合，是对中国传统国家治理经验的传承。西周时期，周公主张"明德慎罚""敬德保民"。春秋时期，管仲认为，礼义廉耻，国之四维；四维不张，国乃灭亡。孔子强调："政者，正也，子率以正，孰敢不正？"儒家思想要求国家官吏及一切行政人员都必须是道德之人，要求统治者对"道德"必须身体力行，即以自己的榜样和模范行动来感化和引领广大的老百姓。儒家"为政以德"的德治思想与法家"万物皆备于法"的法治思想共同构成了"礼刑并用、德主刑辅"的中国国家治理传统文化。

在中国特色国家和社会治理的过程中，需要法律和道德共同发挥作用，实现法律和道德相辅相成、法治和德治相得益彰。从本质上说，法律与道德都是规范人们行为、塑造社会秩序的重要手段。但法律是一种有形的硬约束，是一种"他律"，即通过制

📄 **理论链接**

道之以政，齐之以刑，民免而无耻；道之以德，齐之以礼，有耻且格。
——《论语·为政篇》

⚖ **法律法规**

第七条　民事主体从事民事活动，应当遵循诚信原则，秉持诚实，恪守承诺。

第八条　民事主体从事民事活动，不得违反法律，不得违背公序良俗。

——《中华人民共和国民法典》

裁违法行为迫使违法者服从法律，同时警戒其他社会成员不得违法。道德是一种无形的软约束，是一种内心"自律"，它以说服力和劝导力来规范人的行为，通过社会舆论来扬善抑恶，扶正压邪，从而使人在内心形成道德行为的内在动因。

法律和道德具有内在的一致性。无论是法律还是道德均以正义为价值追求，只不过法律通过惩恶伸张正义，道德往往通过扬善匡扶正义，法律是道德的底线。从内容看，法律和道德是互相融合的。有些法律规定本身就是对相关道德规范的体现和确认。例如，诚实守信、遵守社会公德、尊老爱幼、相互扶助等既为道德规范所推崇，又为《中华人民共和国民法典》等法律所规定，内化的"应当"外化成了法律要求的"必须"。

从治理功能上看，法律与道德是互补的。一方面，没有法律这个牢靠的基础，道德的高楼大厦将会坍塌；没有道德的正义指引，法律将会沦为作恶的工具。道德是法律的评价标准和推动力量。没有道德基础的法律，是一种"恶法"，无法获得社会的普遍尊重和自觉遵守。另一方面，法律又是培育道德的有效手段。法律的实施，本身就是一个惩恶扬善的过程，不但有助于人们法律意识的形成，还有助于人们公共道德的培养。而且，道德和法律在某些情况下会相互转化。随着社会的发展，一些道德逐渐凸显出来，被认为是对社会非常重要的且有被经常违反的危险，立法者就有可能将之纳入法律的范畴；反之，某些过去曾被视为不道德的因而需用法律加以禁止的行为，则有可能退出法律领域而转为道德调整。

在国家和社会治理过程中，一方面，"法治为主、德治为辅"首先应保证立法、执法和司法不与民众普遍的道德观念发生根本性背离；另一方面，以德治国也不是指社会控制的泛道德化，它不应挑战和影响依法治国的主导地位。以德治国，是在强调加强法治前提下实行的德治，是对依法治国的补充和完善。以德治国，要以依法治国作为其坚实的制度保障。实践当中，要坚定不移地贯彻实施并不断深入地推进依法治国的治国方略，不能将以德治国的重要性凌驾于依法治国之上，不能因为以德治国削弱甚至取代依法治国。

（三）法治思维与行政思维

行政思维实质上就是一种权力思维。其主要表现为在工作方式上重上级命令而轻法治原则，重长官意志而轻法律规定，重行政效率而轻法定程序，重个人威望而轻法律尊严，重政绩外显而轻群众权益，重上级服从而轻法律约束，重文件圈阅而轻法律学习，重权力行使而轻法律尊严等诸多现象。对领导干部而言，这些唯上不唯法、上级命令大于法、主要以行政命令方式推动工作的思维都会导致依法

📄 理论链接

国家和社会治理需要法律和道德共同发挥作用。必须坚持一手抓法治、一手抓德治，……既重视发挥法律的规范作用，又重视发挥道德的教化作用。以法治体现道德理念、强化法律对道德建设的促进作用，以道德滋养法治精神、强化道德对法治文化的支撑作用，实现法律和道德相辅相成、法治和德治相得益彰。

——《中共中央关于全面推进依法治国若干重大问题的决定》

法律是成文的道德，道德是内心的法律。……再多再好的法律，必须转化为人们内心自觉才能真正为人们所遵行。"不知耻者，无所不为。"没有道德滋养，法治文化就缺乏源头活水，法律实施就缺乏坚实社会基础。

——习近平：《加快建设社会主义法治国家》（2014年10月23日）

理论链接

如果在抓法治建设上喊口号、练虚功、摆花架，只是叶公好龙，并不真抓实干，短时间内可能看不出什么大的危害，一旦问题到了积重难返的地步，后果就是灾难性的。对各级领导干部，不管什么人，不管涉及谁，只要违反法律就要依法追究责任，绝不允许出现执法和司法的"空挡"。

——习近平：《加快建设社会主义法治国家》（2014年10月23日）

治理能力的弱化。

长期以来，完成上级各项指标任务和领导干部政绩考核是推动工作最重要的指挥棒，而法律法规远远未成为行动指南和依据。上级领导的命令与指示常常是工作中最重要的"法"。很多人迷信上级权威"决断立行""雷厉风行"，迷信权力集中的"一家之言"，认为依法治理效率低下、依法办事必然会降低工作效率，不利于管理。很多人认为，只有权力的高度集中，才能解决当前政府面临的各种社会问题。因此，下级热衷于向上级请示汇报，既可以争取实际利益，又可以躲避决策风险。上级机关要求下级加强汇报，既能维护上级权威，又能提高行政效率。而依法办事，要求打破行政等级、减弱执行力，由此工作效率必然会降低。

在实践中，常常发生上级指令与法律规定"两张皮"、各执一词的现象。依法办事与执行上级命令经常发生冲突。基层干部大多依靠自己的实践经验来判断和作出抉择，而不是根据法律规定。甚至感觉到"依法行政就无法行政"，"依法办事就无法办事"，做好工作"不懂法不行，太懂法也不行"。在处理很多事情的过程中，更多注重的是上级领导的指示和意图，如上级有指示，即使与法律法规相矛盾，也要照指示执行。由于上级命令变化快、任务紧急，基层难以实现常规的依法行政。为了完成上面下达的经济增长指标，或在各种指标排名的压力之下，基层常常以"方便管理""效率优先"等理由，以"短平快""拍脑袋决策"的行政命令方式干预市场主体行为，只顾一时不求长远，不计成本、不重质量、不顾民生，甚至未批先用、野蛮拆迁，以及盲目低成本重复建设，大搞形象工程、政绩工程。这就直接导致了重视短时期出政绩，以文代法、忽视法定程序的问题。殊不知，一时的方便将带来更大的不便，表面上的效率造成背后巨大的资源浪费。

（四）法治思维与经济思维

我国法治建设受到客观经济社会建设状况的强大制约。很长一段历史时期，在"发展是硬道理"和一切工作"以经济建设为中心"的目标指引之下，经济指标成为衡量干部能力的主要甚至是唯一标准。法治建设的角色定位只是为本地经济保驾护航、开路让路。一些基层干部把依法办事与经济发展对立起来，甚至认为经济要发展就必须摆脱法律的束缚，鼓吹"经济要上、法律要让"。有些人迷信政绩考核"发展第一"，以至于担心法治思维会阻碍经济发展。

经济思维强调经济效益优先于社会公平，一定程度上推行"先经济后社会""先生产后民生""先污染后治理""先打破后建构"的发展模式。经济思维主导政府工作，在很大程度上能够打破制度樊篱，促进经济的快速增长，但也容易造成民生保障、公平正义、生态环境保护等社会公共事业的滞后发展，容易引发收入差距、贫富不均、环境恶化、政府公信力缺失等严重的社会问题，甚至最终导致经济发展过程与经济发展最终目标之间价值偏离、分道扬镳。"撑死胆大的，饿死胆小的"的观念，也使得很多经济

📑 **理论链接**

一些地方和部门还习惯于仅靠行政命令等方式来管理经济，习惯于用超越法律法规的手段和政策来抓企业、上项目推动发展，习惯于采取陈旧的计划手段、强制手段完成收入任务，这些办法必须加以改变。

——习近平：《在中央经济工作会议上的讲话》（2014年12月9日）

⚖️ **法律法规**

第十条 落实新发展理念，突出高质量发展导向，构建推动高质量发展指标体系，改进推动高质量发展的政绩考核，因地制宜合理设置经济社会发展实绩考核指标和权重，突出对打好重点任务攻坚战的考核，加强对深化供给侧结构性改革、保障和改善民生、加强和创新社会治理、推动创新发展、加强法治建设、促进社会公平正义等工作的考核，加大安全生产、社会稳定、新增债务等约束性指标的考核权重。

——《中国共产党党政领导干部考核工作条例》

精英养成轻视法律规则的机会主义思维，并由此形成法治意识淡薄的社会示范效应。

相较而言，法治思维强调公平正义优位于经济效益，倡导以人为本、人权保障、社会公益，注重规则的普遍性与至上性，倡导多元社会主体之间的利益平衡，最大限度追求社会公平正义。强调以科学立法、严格执法、公正司法、全民守法实现社会的稳定性、确定性、可预期性治理。强调无论尊卑、贵贱和贫富，法律面前人人平等。

长期以来，经济思维被置于突出重要的位置，法治思维却被极度弱化。不可否认，经济思维主导党政工作，在特定的社会历史背景之下有其必要性和合理性。当前，尽管主流舆论强调不要片面追求GDP增长，但是在政绩考核机制面前，基层干部很大程度上只能用经济思维来看待经济发展与依法办事二者之间的关系。招商引资、项目落地成为地方主官的核心工作内容，法治建设和民生保障反而退居其次。当经济发展与依法办事发生冲突时，常常认为运用法治思维和法治方式解决问题，本地区、本部门会吃亏，因此在依法办事方面总是忧心忡忡、踟蹰不前。在实践中，为了快速推进重大项目的招商引资，在各项经济指标考核导向之下，一些地方政府通常特事特办，对于滥用财政补贴、违法给予税收优惠、招投标弄虚作假等违反法律规定的做法采取默许的态度。为了实现"跨越发展"，存在大量未批先用、边批边用等"先上车再补票"或"不补票"的情况。

随着经济快速发展和社会的急速转型，我们已经进入"矛盾凸显期"和"改革深水区"，我们比任何时候都需要强调法治思维较之经济思维的优先性与重要性。这就需要我们进一步改革"唯经济增长论英雄"的政绩考核机制，将依法办事的能力和法治建设的成效作为衡量领导班子和领导干部工作实绩的重要内容，纳入政绩考核指标体系。按照党的十八届四中全会的要求，要把能不能遵守法律、依法办事作为考察干部的重要内容。在相同条件下，优先提拔使用法治素养好、依法办事能力强的干部。唯此，才能在基层真正兴起尊法学法守法用法的热潮，实质推动领导干部运用法治思维与法治方式解决问题能力的提升。

（五）法治思维与人情思维、面子思维

自古以来，中华民族就是一个讲究人情与面子的民族，人情、面子文化十分发达。所谓"人情"是指"人之常情""活生生的平凡人之心"。这种人情是基于人的本能，源于人的自然情感。在传统社会中，人情和法律关系密切，相互影响、渗透和融合。法不外乎情，而情通过法发挥其强制调节作用。因此，中国传统的法律又被称为"情理法"，实现了"情"和"法"的高度融合，这种融合使得人情作为一种软性约束，在很大程度上缓和了法律的严酷性。

历史上，法官在判案过程中也常常参酌人情、情理，甚至直接"去法从情"。传统文化中的人情观在执法司法实践的重要表现就是情重于法、以情变法。这常常使法律在人情面前变得可以变通、苍白无力。许多清官虽然主张依法断案、不徇私情，但很

📋 **理论链接**

中国的道德与法律，都因之得看所施的对象和"自己"的关系而加以程度上的收缩。……在这种社会中，一切普遍的标准并不发生作用，一定要问清了，对象是谁，和自己是什么关系之后，才能决定拿出什么标准来。

—— 费孝通：《乡土中国》

她们又会麻痹司法界，使各种法令条文不生效力，讥笑德谟克拉西，藐视法典……她们的足无声地践踏到法庭上，她们的手指轻巧地把司法机关拨个凌乱……在每个人失掉他的面子以前，中国将不成其为真正的民主国家。……等到法庭上消失了面子，我们才有公平的裁判。

—— 林语堂：《吾国与吾民》

多情况下是很难过"人情关"的。而且，依照人们共同的情理观念作出最终的判决常常会得到百姓的认可和支持。但是，假如"人情"最终彻底走向"私情"，就会成为干扰法律公正的一种可怕的力量。

人情和面子文化，注重人际关系的培养与维系，以和合为重、以和为贵，并形成一种"亲疏有别、区别对待"、带有浓厚等级色彩的"差序格局"。① 其对法治实践的直接影响就是，国人在遇到矛盾冲突时通常要避免正面冲突、避免得罪人，甚至是不讲原则地一团和气。凡事"重情不重理"，"认亲不认法"，"唯人不唯法"。

显然，从本质上说，法治思维与人情思维、面子思维是格格不入的。人情思维、面子思维发源于传统农耕文明之下形成的熟人社会，而法治思维建立在现代城市文明和陌生人社会形态的基础之上。法治思维，尊崇的是"非人格化"的规则，注重的是"对事不对人"，强调法律面前无论亲疏远近、贵贱贫富都必须平等对待而绝不可以因人而异、同罪异罚。

很容易想象，如果人情思维与面子思维支配了执法与司法过程，法治的公平正义将丧失殆尽。人们肯定会对执法者和司法者不信任、不放心。一旦

---

① 费孝通先生对"差序格局"的描述是，在乡土社会，中国人的人际关系是一种以"己"为中心和他人联系所构成的社会关系。就像石子投入水中，像水中的波纹一样，一圈圈推出去，愈推愈远。参见费孝通《乡土中国》相关论述。

涉及法律问题，总是先想到去托人、找关系。令人费解的是，很多时候，即使当事人的权利主张和利益请求合法正当，事实清楚证据也充分，但他还会去找熟人、托关系。究其原因，很大程度上仅仅是为了避免由于不占理的对方当事人去找人、托关系而给自己造成不利的后果。显然，人们并不是依据法律规定来预测事情的处理结果，而是转化为对人情与面子的预测，以至于人们对自己的行为后果难以预期，道德和是非评价标准也常常发生紊乱。

在实践中，我们看到，人情思维、面子思维与法治思维通常交织在一起，共同作用于领导干部的决策判断与行为方式。基于人情思维与面子思维所造成的处理问题的差异性、模糊性和随意性，不断抵制和消融法治思维所要求的同样问题同样处理的普适性、确定性与稳定性，人情案、关系案、金钱案等人情寻租、人情贪腐、以权扰法的现象大量存在，从而导致实践中大量的贪赃枉法、徇私舞弊和司法腐败。

因此，领导干部要增强依法治理能力，一个非常艰难的任务就是务必在工作过程中逐步摆脱人情思维、面子思维的主导和支配，为人做事注重法度、公私分明、执法不阿，防止公权力的滥用。这就要求：一是在工作过程中，不因为各种关系所困扰，不受人情左右、不阿权贵、不畏强权、重义轻利，坚持法律至上、一视同仁、廉洁公正、铁面无私；

📖 理论链接

对执法司法状况，人民群众意见还比较多，社会各界反映还比较大，主要是不作为、乱作为特别是执法不严、司法不公、司法腐败问题比较突出。……有的办关系案、人情案、金钱案，甚至徇私舞弊、贪赃枉法；等等。这些问题，不仅严重败坏政法机关形象，而且严重损害党和政府形象。

我们社会主义国家的政法机关，不能搞成旧社会"官府衙门八字开，有理无钱莫进来"！身教重于言教。要从政法机关做起，坚决破除各种潜规则，杜绝法外开恩，改变找门路托关系就能通吃、不找门路托关系就寸步难行的现象，让托人情找关系的人不但讨不到便宜，相反要付出代价。

——习近平：《严格执法，公正司法》（2014年1月7日）

理论链接

各级领导干部要带头依法办事，带头遵守法律，对宪法和法律保持敬畏之心，牢固确立法律红线不能触碰、法律底线不能逾越的观念，不要去行使依法不该由自己行使的权力，也不要去干预依法自己不能干预的事情，更不能以言代法、以权压法、徇私枉法，做到法律面前不为私心所扰、不为人情所困、不为关系所累、不为利益所惑。不懂这个规矩，就不是合格的干部。

——习近平：《在十八届中央政治局第四次集体学习时的讲话》（2013年2月23日）

二是不以自己的领导身份和影响力，打电话、递材料、写条子、打招呼，简言之，即以自己的"人情""面子""私利"去干涉正常的执法活动和影响正常的司法裁判。一言以蔽之，只有领导干部行为做事公私分明、严格依法办事，才能逐步减少社会上普遍存在的人情寻租和当事人的人情预期，从而彻底改变负面的人情、面子文化，引导形成一种拒绝潜规则、风清气正的社会氛围和正面力量。

（六）法治思维与特权思维

法律是对全体社会成员具有普遍约束力的行为规则。全体社会成员无论其身份、种族、性别、财富、社会地位、宗教信仰如何，都应当无条件地遵守、平等地适用法律，这是法治思维的基本内涵与要求。与之相对，中国传统社会流行的观念是"礼不下庶人，刑不上大夫"的法外特权。而且官爵越高，法外特权就越大，本人所受处分也越轻，能够荫庇的亲属范围也越广。尽管封建等级特权秩序早已瓦解，但是官本位的特权思维仍然在很多人的脑海里根深蒂固。譬如，"权大于法""官大于法""官大一级压死人"等观念，以及领导干部以言代法、以权压法、徇私枉法，一把手"一言堂"等做法，就是这种特权思维的真实体现。

当前，之所以出现一些领导干部以权压法、公然践踏法律规则的现象，很大程度上可以归结为他们头脑中根深蒂固的官本位思维、特权思维在作祟。一些领导干部法治观念淡薄、特权思想严重，目中无法。他们往往把个人等同于组织，把法律当作管老百姓的工具，用批条子、打招呼的方式干扰正常的执法和司法活动。有人对这种以言代法、以权压法、徇私枉法的现象讽刺说：黑头（法律）不如红头（文件），红头不如笔头（批示），笔头不如口头（命令）。

　　还有一些领导干部认为当官了就是要摆架子、讲排场，就是要敢于突破规矩。他们把自己当作享受"法外特权"、可以凌驾于宪法和法律之上的特殊公民。在一些人看来，能成为凌驾于公共规则之上的"人上人"很风光，很有面子，他们不以为耻，反以为荣。"当官就要有官派、官样""啥都不敢做，那还叫当官吗""当官就要高人一等"等充满封建糟粕、陈腐落后的思维习惯在一些领导干部的头脑中根深蒂固。这种特权思维是当前领导干部提升依法治理能力的巨大障碍，也是全面推进依法治国的绊脚石。

　　我们今天反对的特权，不是封建时代的"法定特权""合法特权"，而是一种法律之外、制度之外的"法外特权"。改革开放初期，邓小平同志曾说，"我们今天所反对的特权，就是政治上经济上在法律和制度之外的权利"，即"法外特权"。领导干部的特权思维和特权现象，挑战了法律的公平性原则，

📰 理论链接

　　平等是社会主义法律的基本属性。任何组织和个人都必须尊重宪法法律权威，都必须在宪法法律范围内活动，都必须依照宪法法律行使权力或权利、履行职责或义务，都不得有超越宪法法律的特权。

——《中共中央关于全面推进依法治国若干重大问题的决定》

⚖ **法律法规**

第五条　人民法院、人民检察院和公安机关进行刑事诉讼，必须依靠群众，必须以事实为根据，以法律为准绳。对于一切公民，在适用法律上一律平等，在法律面前，不允许有任何特权。
——《中华人民共和国刑事诉讼法》

📋 **理论链接**

反腐倡廉建设，必须反对特权思想、特权现象。共产党员永远是劳动人民的普通一员，除了法律和政策规定范围内的个人利益和工作职权以外，所有共产党员都不得谋求任何私利和特权。
——习近平：《把权力关进制度的笼子里》（2013年1月22日）

容易滋生各种执法与司法腐败，而且大大助长了民众的权力崇拜，导致民众更加信权不信法、找人不找法，以致全社会的法治思维难以确立。

当前，不断消除封建特权思维的影响、杜绝各种五花八门的特权现象，对于增强领导干部的依法治理能力有着十分重要的意义。党的十八大明确提出："任何组织或者个人都不得有超越宪法和法律的特权，绝不允许以言代法、以权压法、徇私枉法。"党的十八届四中全会决定强调，任何组织和个人"都不得有超越宪法法律的特权"。一言以蔽之，只有根除特权思维、消减特权现象，领导干部的依法治理能力才能不断增强。

（七）法治思维与管制思维

很多人把法治思维简单理解为管制思维或管控思维，把"依法治理"等同于"依法治民"。需要强调指出的是，法治不能简单等同于"治民"或"控民"。这是因为，首先，法治思维主要是一种"治官"思维，强调"有权不得任性""把权力关进制度的笼子里"；管制思维则是一种"治民"思维，考虑的是怎么"管"老百姓、怎么"治"老百姓。其次，法治思维是一种政府责任主导型思维，强调政府的履职以及对老百姓权利的维护；管制思维是一种行政权力主导型思维，强调政府是权力的享有者、行使者，而百姓是义务的履行者。最后，法治思维在很大程度上是一种服务型政府思维，体现国家公职人员是人民公仆、为人民服务的价值追求；管制思维则在很大程度上是一种"警察国家"思维，主张政府权力和行政职能扩张，强调法律是控制社会行为、维护公共秩序的工具。

在很大程度上，可以说法治思维是一种建设性思维，而管制思维或管控思维是一种惩罚性思维。从人类社会发展史看，法治作为治国理政方式，从来都是建设性的而不是破坏性的。依法治理不是以"依法治民"为目的，不仅仅表现为对社会成员的控制与惩罚，而是以制度建设的思路确定规则、恢复社会关系、解决社会矛盾、维系社会秩序。法治作为治国理政的方式，其目的同样在于通过约束公共权力从而使权利在人和人之间得到合理配置而实现和谐安定的社会秩序。由此而论，法治思维从来都不是破坏性的。体现法治思维建设性的一个重要方面就是它能够善于将社会中复杂的利益纠纷冲突，甚至棘手的政治问题转化为法律问题，使其在程序中获得稳定可控的解决。

长期以来，我们过多地强调法律的强制性、专政性和惩罚性，在某种程度上忽视了法律对社会公共利益和公共秩序的恢复、补救和建构功能。为此，应进一步建立老百姓进行利益表达的合法组织和平台、依法保障定期定时与民众进行协商沟通、依法救济救助权益受损害的弱势群体，建立健全社会矛

📃 **理论链接**

加强系统治理、依法治理、综合治理、源头治理，把我国制度优势更好转化为国家治理效能。

社会治理是国家治理的重要方面。必须加强和创新社会治理，完善党委领导、政府负责、民主协商、社会协同、公众参与、法治保障、科技支撑的社会治理体系，建设人人有责、人人尽责、人人享有的社会治理共同体，确保人民安居乐业、社会安定有序，建设更高水平的平安中国。

——《中共中央关于坚持和完善中国特色社会主义制度　推进国家治理体系和治理能力现代化若干重大问题的决定》

盾预警机制、利益表达机制、协商沟通机制、救济救助机制，充分发挥法治在人民群众利益表达和协调、权益确认和保障等方面的重要作用。

三、依法治理的法治方式

（一）何谓法治方式？

法治方式，简言之，就是运用法治思维处理和解决问题的行为方式，是法治思维在实践层面提出的要求。具体来说，法治方式主要是指国家公权力机关及公职人员在法治思维指引之下，通过立法、执法、司法、守法等活动，运用法律规则、法律程序和法律机制处理问题、解决矛盾、推动发展的方法和手段的总和。

相较于其他治国理政的方式，法治方式的主要特点在于：首先，通过制定法律规则来设定行为规范，通过配置权利义务来调整社会关系和确定社会秩序，从而对社会成员形成确定性、稳定性和可预期的行为指引；其次，通过法律实施对社会进行有效治理，通过对公权力主体职权职责范围的明确界定确保其合法、正当行使；最后，通过法律程序来解决争端，对违反法律规则的行为进行惩罚，对受到破坏的社会秩序进行恢复，对合法利益受损的社会成员进行救济。概括一下，法治方式具有规范性、确定性、可预期性、程序性、强制性、司法终结性的特点。

（二）法治思维与法治方式的辩证关系

法治思维和法治方式既各有侧重又紧密相连，既相互作用又相互促进。法治思维强调思维方式要符合法治的理念、精神、原则和逻辑，着眼于思想；法治方式强调各种措施、手段、方法和行为要符合法的规定性，着眼于行动。二者之间是内在和外在的辩证关系，法治方式是法治思维实际作用于行为的外在表现。可以说，法治思维影响和决定着法治方式，具备了法治思维，就会主动运用法治方式认识和解决问题。法治方式是法治思维的具体体现，法治思维只有外化为法治行为、体现为法治方式，才能真正发挥作用。

故可言，法治思维是法治方式的前提，法治方式是法治思维的实现。人们的思维总是决定和支配其行为方式。没有法治思维就没有法治方式，如果满脑子都是人治思维、专制思维、特权思维，其行为方式必然导致出现以言代法的家长制、以权压法的官僚主义、徇私枉法的贪污腐败等现象。一言以蔽之，没有法治思维就没有法治方式，依法治国就只能是一句空话。

反之，如果没有法治方式，法治思维则难以维系和保障。人们的内在思维是对其所处的外部现实的反映。在一个法治行为方式匮乏、法治机制和体制保障缺失的环境下，大多数人可能不具有或者不习惯法治思维。退一步说，即使是具有较高文化程度和较高思想觉悟的人，也可能由于缺少专门的法治思维训练或者外部法治环境熏陶，而难以具有或者习惯法治思维。

（三）善于运用法治思维和法治方式推动国家和社会治理

法治思维和法治方式会促进法治实践，法治实践又会激发人们主动自觉地运用法治思维和法治方式。在实践中，通常人们所说的"办事依法、遇事找法，解决问题用法、化解矛盾靠法"，都属于法治方式的范畴。凡作决策、处理问题，都要先找法律依据。有法律依据的，看看法律是怎么规定的，所提出的处理措施是否符合法律规定。没有具体的法律依据的，看看上位法、宪法中有没有原则性的规定，如有原则性规定，要按照法律原则进行办理。实践当中，对于很多全新的事务，即使没有明确的法律规定加以调整，也要按照法律的基本原理进行比照处理，使之符合法律精神、合乎法治原理。

在全面依法治国的时代要求之下，对于领导干部来说，继续沿袭既往解决问题的各种"非法治思维"和"非法治方式"的老路子、老办法是行不通的。当前，提升领导干部依法治理能力的一个重要方面就是要消除在旧的"非法治"思维模式下所形成的一些与法治要求不符的办事方式，如托关系、找门子的办事方式。在传统的熟人社会、人情社会下，遇事"找熟人""走关系"往往是人们的第一选择。人们通过关系进行社会资源之间的互换，使得法律失去应有的效果，往往导致社会资源利益的无效率、浪费。

例如选择性执法。法律是否适用、对谁适用、如何适用，皆取决于执法者自身的判断甚至是好恶，最终导致法律失去公正性，丧失人们的信任，失去效果。而法律实施机制的失效，又使得一旦有人逃脱了法律的及时制裁，其他人就会形成"法不责众"的扩散心理，出现机会主义违法。再如运动式执法、运动式治理。在这种治理方式下，法律被认为是从属于某一具体社会政策的工具。法治的基本标准和要求由于为了实现特定的目标而被放弃，导致社会失序，法治权威受损。这些方式植根于旧的关系思维、特权思维、人治思维中，与法治思维相悖，无疑都会损害法律的确定性、权威性和公信力。

当然，如何在法治思维的指导和引领下，运用具体的法治方式来"深化改革、推动发展、化解矛盾、维护稳定"，不仅是一个深刻的理论命题，也着实是一个很复杂的实践问题。各级领导干部法治思维的养成不可能一蹴而就，善于运用法治方式也并非一日之功。在运用法治思维和法治方式来解决国家和社会治理的各项难题时，既不能畏缩不前、灰心丧气，也不能盲目自信、胡冲乱撞。

一是要充分认识法治在解决社会治理重大问题中的作用与价值，尊重宪法与法律权威，形成对法治的内在认同和尊崇，在日常工作中逐步削减各种不符合法治思维的方式方法，直至将法治内化为日常工作和生活方式；二是要通过不断学法懂法，掌握必备的法律知识，了解基本的权力范围和法律程序，让法治思维所内含的"法律至上""程序正义""权力有限""权利保障""法律面前人人平等"等观念深深植根于大脑；三是要善于将法治思维应用于"深化改革、推动发展、化解矛盾、维护稳定"，统率国家和社会治理的各项工作。这既是全面推进依法治国的现实需要，也是提高领导干部依法治理能力的重要内容。

▤ 理论链接

各级党和国家机关以及领导干部要带头尊法学法守法用法，提高运用法治思维和法治方式深化改革、推动发展、化解矛盾、维护稳定、应对风险的能力。
——《中共中央关于坚持和完善中国特色社会主义制度 推进国家治理体系和治理能力现代化若干重大问题的决定》

一、改革开放越深入越要强调法治

改革是中国特色社会主义制度的自我完善和发展，是推动中国特色社会主义各项事业发展的必由之路。法治是党治国理政的基本方式和不可或缺的重要手段，是我国国家治理的基本方略。改革是我们当前各项工作的第一要务，法治则是做好每项工作的基本要求。

舟楫相配，得水而行。无论是全面深化改革，还是全面依法治国，在相当长一段历史时期都是我国国家治理的常态主题。在法治轨道上推进改革，在深化改革中不断完善法治，亦是领导干部依法治理能力建设的必然要求。

（一）改革和法治的辩证统一关系

法治要实现的是对一种稳定、成熟的社会关系进行规范化、确定性、权威性和可预期性的调整。换言之，法治的特点是"定"，是要把某种社会关系用法的形式确定、固化下来。改革，本意是改变、打破和革除，指的是改变和冲破旧制度和旧规矩，改造旧事物和旧秩序。按照党的十一届三中全会公报和党的十三大报告的说法，改革就是要"改变同生产力发展不相适应的生产关系和上层建筑，改变一切不适应的管理方式、活动方式和思想方式"。改革的特点是"变"，是对既有制度和现实状态的一种变动。就此有人说，改革是一场不流血的"革命"，一场没有硝烟的"战争"。

显然，法治与改革之间必然存在"立"与"破"、"定"与"变"、"静"与"动"的内在紧张关系。从外部形式来看，改革通常表现得更为主动和活跃，法治则相对表现得比较被动、保守和审慎。从思维特征上看，改革更强调突破与创新，倡导敢闯敢干，法治则更强调规范性、确定性和可预期性，偏重遵守既有制度和依法办事。从国家治理的功能上看，改革侧重于解决实际问题、提高经济社会发展和人民生活水平的效率和成效，法治则侧重于维护国家安全和稳定秩序、维护社会公平正义。

正是由于改革和法治之间存在的上述差异，很多领导干部在关于二者关系上存在一些认识误区。一种观点认为，改革就是要冲破法律的禁区，现行法律的条条框框妨碍和迟滞了改革。因此，改革要上路，法律就要让路。这种观点容易导致在实践当中违法改革，甚至以改革之名行违法乱纪之实。另一种观点认为，法律就是要保持稳定性、权威性、适当的滞后性，因此法律很难引领改革、适应改革的需要。这种观点也是将改革和法治对立起来，只重视法治对改革成果的确认、保障作用，不注重发挥法治对于改革的引领和推动作用，容易导致实践当中以法治的名义延误改革的进程。

处理好改革和法治的关系，必须坚持改革和法治相统一、相促进。全面深化改革和全面依法治国在总体目标上基本是一致的，都是完善和发展中国特色社会主义制度、推进国家治理体系和治理能力现代化。在政治与社会功能上，二者是互为支撑的。没有健全的法治，改革就可能缺乏制度保障和良好的外部秩序，改革的经验和成果也难以得到巩固和确认，改革的实践还有可能陷入胡作非为、"无法无天"的混乱状态。反之，如果没有改革，法治的发展也会缺乏所必需的经验、基础以及可预见的方向，因而也就缺乏进步的必要性和动力。

（二）改革和法治如"车之两轮、鸟之两翼"

法治与改革是相辅相成、相伴而生、互为条件的。法治是推动改革的重要条件，改革是法治发展的强大动力。我们应在全面深化改革的过程中依法治国，在全面依法治国的背景下深化改革。这就是我们常说的改革和法治如"车之两轮、鸟之两翼"的含义。改革和法治是"两个轮子"，这就是全面深化改革和全面依法治国之间的辩证关系。

1. 在法治下推进改革

习近平总书记提出："在整个改革过程中，都要高度重视运用法治思维和法治方式，发挥法治的引领和推动作用，加强对相关立法工作的协调，确保在法治轨道上推进改革。"[1]我们要清醒地认识到，一些人认为改革就不需要法治的观点是错误的，将改革和法治对立起来的认识在实践中也是极其有害的。改革与创新必须在法治的轨道内进行，不能打着改革、创新的旗号背离法治，践踏法治。

理论链接

我国改革进入了攻坚期和深水区，改革和法治的关系需要破解一些新难题，也亟待纠正一些认识上的误区。一种观点认为，改革就是要冲破法律的禁区，现在法律的条条框框妨碍和迟滞了改革，改革要上路、法律要让路。另一种观点则认为，法律就是要保持稳定性、权威性、适当的滞后性，法律很难引领改革。这两种看法都是不全面的。在法治下推进改革，在改革中完善法治，这就是我们说的改革和法治是两个轮子的含义。

——习近平：《在省部级主要领导干部学习贯彻党的十八届四中全会精神全面推进依法治国专题研讨班上的讲话》（2015年2月2日）

---

① 习近平：《论坚持全面依法治国》，中央文献出版社2020年版，第35页。

在法治的轨道上推进改革，也对我国法治建设提出了更高的要求。

首先，我们要以法治来凝聚改革的共识。改革共识是推进改革的社会基础和强大支撑，法治是凝聚改革共识的基本方式。法治能够为改革的顶层设计与社会成员之间的互动，以及各个社会利益主体之间的观念交流和利益磨合提供一个平等、稳定、可预期的规则体系，能够为改革过程中的利益重新分配、行为评价提供公平正义的指导原则，从而有助于形成支持改革、维护改革成果的广泛的社会共识。

其次，法治建设要从改革的现实需求出发。法治既不能超前于社会发展，也不能滞后于现实需求，应奉行"法治与社会同步发展"的基本原则。对于一些新兴领域，立法应"宜粗不宜细"，多采用原则性、粗线条的表述方式，为新生事物的未来发展预留法律空间。对于一些正在探索推进改革的领域，尽管改革的方向和重大原则已经确定，但某些具体改革措施和制度设计有可能还不成熟，各方面认识也不尽一致，立法就应当具有充分的前瞻性和灵活性，以便为后期的改革措施留有余地。在立法技术和策略上，可以采取先制定单行法、试行法或暂行法的方式，待逐步积累经验、时机成熟之后再出台正式法律或编纂系统性的法典。

最后，充分运用授权立法的方式解决改革过程中的立法之急。改革既不是"法外之地"，也不是

📖 **理论链接**

科学立法是处理改革和法治关系的重要环节。要实现立法和改革决策相衔接，做到重大改革于法有据、立法主动适应改革发展需要。在研究改革方案和改革措施时，要同步考虑改革涉及的立法问题，及时提出立法需求和立法建议。实践证明行之有效的，要及时上升为法律。实践条件还不成熟、需要先行先试的，要按照法定程序作出授权。对不适应改革要求的法律法规，要及时修改和废止。

——习近平：《在中央全面深化改革领导小组第六次会议上的讲话》（2014年10月27日）

"法律禁地"。很多全国性的重大改革都需要某些部门或地方先"摸着石头过河"进行局部先行试验，为改革提供各种可供参考的制度版本。为防止改革偏离法治轨道，可以通过全国人大及其常委会授权国务院、特定地方进行"先行先试"的立法试点，待形成可复制、可推广的成功经验和有效制度之后再制定全国统一的法律。①

2. 在改革中完善法治

改革是法治完善发展的强大动力。在全面深化改革的进程中，要"坚定不移推进法治领域改革，坚决破除束缚全面推进依法治国的体制机制障碍"②，推动我国法治体系不断完善和全面依法治国各项目标任务实现。

首先，改革是推动立法发展和法治体系不断完善的重要方式。新中国成立以来，我国法治发展的实践表明，正是因为有了不断的改革与创新，我国的法律体系才能与时俱进、日益完善，我国的执法、司法和守法等各项活动才能不断调适改进，我国的法治建设才在整体上不断适应改革开放和社会主义各项事业发展的需要。可以说，各项事业深化改革

理论链接

法治领域改革有一个特点，就是很多问题都涉及法律规定。改革要于法有据，但也不能因为现行法律规定就不敢越雷池一步，那是无法推进改革的。正所谓"苟利于民不必法古，苟周于事不必循旧"。需要推进的改革，将来可以先修改法律规定再推进。
——习近平：《加快建设社会主义法治国家》(2014年10月23日)

---

① 2015年新修订的《中华人民共和国立法法》第十三条对授权立法进行了确认和规范。即，"全国人民代表大会及其常务委员会可以根据改革发展的需要，决定就行政管理等领域的特定事项授权在一定期限内在部分地方暂时调整或者暂时停止适用法律的部分规定"。这就为这些地方的改革试验留出了法律空间。

② 习近平：《论坚持全面依法治国》，中央文献出版社2020年版，第116页。

的过程就是法律制度不断制定、修改、废止的过程，就是法律体系不断推陈出新、更新换代的过程。

其次，法治领域改革本身就是全面深化改革的重要内容和重大任务。习近平总书记指出，"解决法治领域的突出问题，根本途径在于改革。如果完全停留在旧的体制机制框架内，用老办法应对新情况新问题，或者用零敲碎打的方式来修修补补，是解决不了大问题的"①。党的十八大以来，我国法治领域的改革力度前所未有，成效也是前所未有。不仅破除了影响我国法治发展的重大障碍，解决了法治领域的主要矛盾，也推动了法治建设的巨大进步和发展。

（三）用法治思维与方式处理好改革与法治的关系

当前，我国各项改革已到攻坚期与深水区，改革的全面深化需要法治的全面保障，改革也为法治发展注入了动力、指引了路径。改革的任务常常就是法治的任务，改革进程中的难点通常也是法治建设的难点。

在实践中，改革与法治的关系有三种状态：第一种是先改革再立法，这时法律常常滞后于改革的实践需要。第二种是先立法再改革，这时法律经常超前于改革的进程。在这两种状态之下，改革与法治都难以同步发展，必然出现一定程度的脱节。第三种状态是比较理想的状态，即改革与法治同步，改革进程与法治进程同步发展、相辅相成，这就要求做到边改革边立法，将改革决策与法律的立、改、废结合起来，兼顾法律的稳定性与及时立、改、废。首先，对于那些滞后于社会发展、阻扰改革进程的陈旧之法要做到及时解释、修改或废止，为改革扫清道路。其次，对于那些已经被实践验证的

———————————

① 习近平：《论坚持全面依法治国》，中央文献出版社2020年版，第116页。

理论链接

我们要坚持改革决策和立法决策相统一、相衔接，立法主动适应改革需要，积极发挥引导、推动、规范、保障改革的作用，做到重大改革于法有据，改革和法治同步推进，增强改革的穿透力。

既不允许随意突破法律红线，也不允许简单以现行法律没有依据为由迟滞改革。对不适应改革要求的现行法律法规，要及时修改或废止，不能让一些过时的法律条款成为改革的"绊马索"。

——习近平：《在省部级主要领导干部学习贯彻党的十八届四中全会精神全面推进依法治国专题研讨班上的讲话》（2015年2月2日）

法律法规

第十七条 有下列情形之一的，可以不予问责或者免予问责：

（一）在推进改革中因缺乏经验、先行先试出现的失误，尚无明确限制的探索性试验中的失误，为推动发展的无意过失；

…………

——《中国共产党问责条例》

行之有效、成熟的改革经验，要及时上升为法律。最后，对于条件还不太成熟、需要再试行观察一段时间的改革经验，可以在一些地方先行先试，待条件成熟之后再以立法形式确定下来。

领导干部要善于为改革寻找宪法和法律依据，应尽量避免与现行法律法规的直接冲突，从而达成全社会最低限度的改革共识，整合各方面意志和力量，协调各种错综复杂的利益关系，使改革得以顺利进行。在宪法和法律中寻找依据，并不是说每项改革都要找到一个相应的法律规定加以佐证，每项改革措施都要遵守一个既定的法律规则。这样会陷入一种僵化、机械的改革思维。用法治思维与法治方式深化改革，要求领导干部不仅熟悉相关法律规则，而且要了解相关法律原则。如果一项改革措施能够找到法律原则依据，或是从立法目的中推导出来，那么也可以认为是有法律依据的。另外，我国很多法律法规规定宽泛，留出的自由裁量空间很大，要善于运用法律规范留下的这些自由裁量权，为改革寻找合法依据。如果确实要突破或变通宪法和法律规定，应事先获得权力机关的特别授权或专门授权，以便让改革的各项措施名正言顺。

除此之外，对于那些严重违反宪法和法律的改革行为，对于那些美其名曰"良性违宪"和"良性违法"，实则打着改革的大旗破坏法治的行为，应予以及时纠正或阻止。对于造成严重社会后果的违法改革，要通过司法途径判决其行为无效并追究相关责任人的法律责任。对于实践条件还不成熟、需要先行先试的改革，应按照法定程序获得授权，在此基础上大胆试、大胆闯，"摸着石头过河"，用法治方式护航改革。对不适应改革要求的现行法律法规，要及时修改或废止，不能让一些过时、无用的法律条款妨碍改革的进程。

二、法治是优化营商环境的最好方式

中国经济发展进入新阶段以来，我们坚持新发展理念，推动经济从高速增长转向高质量发展。在此过程中，不仅要充分发挥市场在资源配置中的决定性作用，还要更好发挥法治在促进经济持续健康发展中的引领、规范和保障作用。

（一）社会主义市场经济本质上是法治经济

市场是人类有史以来最为有效、最具活力的经济力量。市场经济是高度社会化和市场化的商品经济，是通过市场配置社会资源的经济形式。社会主义市场经济是同社会主义基本社会制度结合在一起的市场经济，是使市场在社会主义国家宏观调控下对资源配置起决定性作用的经济体制。它使社会主义国家的经济活动遵循市场规律的要求，适应供求关系的变化，并且通过价格杠杆和竞争机制，把资源配置到效益最好的环节中去。

理论链接

社会主义市场经济本质上是法治经济，经济秩序混乱多源于有法不依、违法不究，因此必须坚持法治思维、增强法治观念，依法调控和治理经济。法治经济的本质要求就是把握规律、尊重规律。各级领导干部要提高透过现象看本质的本领，深入把握经济规律、社会规律、自然规律，使对经济工作的领导更加自觉、更加有效。

——习近平：《在中央经济工作会议上的讲话》（2014年12月9日）

市场要在资源配置中发挥决定性的作用，就需要完善的社会主义市场经济法律制度，为市场主体和市场活动提供一个公正、稳定、可预期的法治环境，实现产权有效激励、竞争公平有序、要素自由流动、市场规范统一。党的十八届四中全会作出《关于全面推进依法治国若干重大问题的决定》，强调要"使市场在资源配置中起决定性作用和更好发挥政府作用，必须以保护产权、维护契约、统一市场、平等交换、公平竞争、有效监管为基本导向，完善社会主义市场经济法律制度"。这就为我们指明了法治在市场经济发展进程中的重大作用。

（二）法治对于经济发展的功能与价值

概言之，法治对于现代市场经济发展的功能与价值主要在于以下三方面。

1. 确认和保护产权

只有在产权清晰界定的前提下，市场经济主体才能对未来的发展有合理的预期，才可以有效防止和避免社会成员之间以及国家对社会成员财产的任意侵夺，使市场经济始终在法治的轨道上运行。

市场经济发展的前提条件在于建立一个完善的现代产权制度，推进产权保护法治化。物权法、自然资源法、知识产权法、公司法等法律制度所规定的所有权、用益物权、担保物权等物权制度以及自然资源权、知识产权、股权、公司财产权等权利，

📄 **理论链接**

产权制度是社会主义市场经济的基石，保护产权是坚持社会主义基本经济制度的必然要求。有恒产者有恒心，经济主体财产权的有效保障和实现是经济社会持续健康发展的基础。改革开放以来，通过大力推进产权制度改革，我国基本形成了归属清晰、权责明确、保护严格、流转顺畅的现代产权制度和产权保护法律框架，全社会产权保护意识不断增强，保护力度不断加大。

——《中共中央　国务院关于完善产权保护制度依法保护产权的意见》

构成了一个庞大的现代产权体系，奠定了现代市场经济的产权基础。民商法作为保护产权、促进交易的基础性法律，属于市场经济的基本法，它通过保护人身权、财产权、人格权等法律制度，为产权保护和投资、交易提供基本法律保障。在产权确定之后，市场经济主体可以根据意思自治、合同自由的原则，开展交换和投资活动，积极主动地寻求自身的最大利益。

2. 公平竞争的法律环境

竞争是市场的生命之源，是市场经济的"灵魂"。按照市场经济公平竞争的要求，应努力做到市场主体"法无禁止即可为"，政府部门"法无授权不可为、法定职责必须为"。这就要求我们构建高效的法治实施体系，发挥法治透明、公平、稳定、可预期的特性，为市场主体营造产权安全、机会均等、交易公平、解决争议公正的市场环境。

在我国市场经济运行过程中，应以法律形式明确规定国有企业、民营企业等各类市场主体依法平等使用资金、技术、人力资源、土地及其他自然资源等各类生产要素和公共服务资源的权利。在资金安排、土地供应、税费减免、资质许可、标准制定、项目申报、人力资源政策等方面，应当依法平等对待公有制、非公有制等各类市场主体，不得制定或者实施歧视性政策措施。只有这样，才能充分释放市场活力，保障各类市场主体公平参与市场竞争。

毋庸置疑，无序的竞争会给经济和社会发展带来巨大的消极影响。在市场经济运行的过程中，必然会存在垄断和不正当竞争、损害消费者利益等诸多非法行为干扰市场的公平竞争。在我国，经济法是保护消费者和社会公众利益、维护市场竞争秩序的专门法律部门。通过反不正当竞争法、产品质量法、反垄断法、消费者权益保护法、产品质量法、食品安全法、价格法等法律规范，

理论链接

使市场在资源配置中起决定性作用和更好发挥政府作用，必须以保护产权、维护契约、统一市场、平等交换、公平竞争、有效监管为基本导向，完善社会主义市场经济法律制度。健全以公平为核心原则的产权保护制度，加强对各种所有制经济组织和自然人财产权的保护，清理有违公平的法律法规条款。
——《中共中央关于全面推进依法治国若干重大问题的决定》

打击不正当竞争及垄断等行为，保护消费者利益，维护公平竞争的市场秩序。

3. 有效监管和统一的宏观调控

在市场经济条件之下，行政执法将督促市场主体遵守法律法规，恪守社会公德和商业道德，履行诚实守信、公平竞争，以及安全、质量、劳动者权益保护、消费者权益保护等方面的法定义务，承担在公共安全、食品和药品、环境保护等涉及民生领域的社会责任。通过信息收集、共享与利用、失信惩戒等机制，构建市场主体的社会信用体系，惩罚失信行为，激励市场主体诚信经营。依法规制资本无序扩张，严肃查处滥用市场支配地位等恶意垄断行为。

市场不是万能的。市场失灵会导致宏观经济的失序和人民生活的困难。因此，市场经济客观上需要国家对国民经济总体活动进行宏观调节和控制，运用财政、税收、金融、投资、信贷等手段调控市场，促进经济结构优化，实现经济总量的基本平衡。并且，通过全国统一的宏观调控，消除地方歧视的区域市场壁垒，加快建设规则统一、破除分割、打通堵点的全国统一大市场。但是，如果宏观调控失灵或产生重大失误，则可能对市场经济产生巨大的不良影响，甚至诱发严重的经济和金融危机。因此，务必对政府的宏观调控权加以相应的法律程序制约，在作出宏观调控决策时能够做到科学决策、民主决策、依法决策，从而避免政府作出违背市场运行规律的任性决策，对市场施加不当影响。

市场经济要健康运行，还需要政府提供诸如国防、外交、司法、交通、教育、医疗、环境保护等方面的公共物品或者准公共物品，满足市场运行的公共需要。对于政府提供公共物品这类关系的法律调整，主要是教科文卫、劳动和社会保障、生态环境等法律部门的任务。同时，经济法中的财政税收法，也通过调整财政收入、财政支出等，为国家政权运行的财政支持提供法律保障。

（三）法治是最好的营商环境

2019年10月，国务院发布《优化营商环境条例》，以专门立法的方式对国内营商环境的法律制度进行顶层设计。该条例规定，营商环境是指企业等市场主体在市场经济活动中所涉及的体制机制性因素和条件。具体到法治领域，就是指本国企业在当地经营过程中所处的立法、司法与执法环境，包括企业从开办、运行到结束全过程所需遵守的法律规范的具体内容、行政机关执法和司法公正等方面的状况等。

优化营商环境已经成为新时代法治建设的重要任务，法治也必将在优化营商环境的过程中担当重任。近年来，随着政府简政放权、放管结合、优化服务改革的持续推进，各个地方的营商环境实现了大幅度的改善，从中央到地方都在进行营商环境优化的推进和落实，推动服务型政府的转变和现代治理的实现。对

📄 **理论链接**

法治是一种基本的思维方式和工作方式，法治化环境最能聚人聚财、最有利于发展。

——习近平：《参加十二届全国人大四次会议黑龙江代表团审议时的讲话》（2016年3月7日）

打造市场化、法治化、国际化营商环境。要实施好民法典和相关法律法规，依法平等保护国有、民营、外资等各种所有制企业产权和自主经营权，完善各类市场主体公平竞争的法治环境。要依法保护企业家合法权益，加强产权和知识产权保护，形成长期稳定发展预期，鼓励创新、宽容失败，营造激励企业家干事创业的浓厚氛围。要推进简政放权，全面实施市场准入负面清单制度，支持企业更好参与市场合作和竞争。要实施好外商投资法，放宽市场准入，推动贸易和投资便利化。对在中国注册的企业要一视同仁，完善公平竞争环境。

——习近平：《在企业家座谈会上的讲话》（2020年7月21日）

法律法规

第三条 国家持续深化简政放权、放管结合、优化服务改革，最大限度减少政府对市场资源的直接配置，最大限度减少政府对市场活动的直接干预，加强和规范事中事后监管，着力提升政务服务能力和水平，切实降低制度性交易成本，更大激发市场活力和社会创造力，增强发展动力。

各级人民政府及其部门应当坚持政务公开透明，以公开为常态、不公开为例外，全面推进决策、执行、管理、服务、结果公开。

第四条 优化营商环境应当坚持市场化、法治化、国际化原则，以市场主体需求为导向，以深刻转变政府职能为核心，创新体制机制、强化协同联动、完善法治保障，对标国际先进水平，为各类市场主体投资兴业营造稳定、公平、透明、可预期的良好环境。

——《优化营商环境条例》

于领导干部来说，优化营商环境的法治要求，集中体现在处理好政府与私权利主体之间的关系上。具体言之，即民法典为公权力的运行提供相应的法律依据，公权力应当尊重私权利主体的人身权利和财产权利。

领导干部依法推动经济建设、优化营商环境的重点就是要处理好政府与市场、政府与社会的关系。第一，国家公权力要尊重和保护私权利。国家公权力的行使应该以保护公民的人身权利和财产权利为目的。这就意味着，公权力的设置是为了保障私权利的完整和实现，是为了人民的福祉和安宁。第二，实行权力清单制度、监管事项公开透明，以此来廓清政府与市场的边界。"职权法定"是国家机关公权力产生和运行的基本法则，它的具体要求是法无授权不可为、法定职责必须为。对于属于市场主体自主决定的事务、留给市场调节的事项，行政机关不得任意介入和干涉。第三，公权力机关在行使职权过程中应当遵循服务型政府的基本原则，进一步降低市场准入门槛、放松市场准入条件、取消过多的前置审批程序、依法审慎介入民事权利，最大限度地减少政府对市场活动和自主经营的直接干预，严格依法行权，防止公权力滥用、异化和腐败。第四，在现代社会治理过程中，传统的命令、强制等高强度管理手段已不能满足市场经济发展和社会治理的需要。政府应善于运用平等协商、合同机制、竞争机制等多元、横向手段开展高效的经济管理和社会治理。

以案说理　　张文中诈骗、单位行贿、挪用资金再审改判无罪案

财产权保护不仅是最重要的市场经济制度基础，而且是现代公民权利保障最重要的基础制度。最高人民法院重审张文中重大涉产权案件，表达了最高司法机关对公民财产权保护的高度重视，具有广泛的社会意义。

张文中（原物美控股集团有限公司董事长）再审案件是在全面依法治国、加强产权和企业家权益保护大背景下最高法院依法纠正涉产权和企业家冤错案件第一案。2009年3月30日，原审被告人张文中被以诈骗、单位行贿、挪用资金三项罪名终审判决有期徒刑12年、罚金50万元。2013年，经两次减刑，张文中刑满出狱。2016年10月，张文中向最高人民法院提出申诉。2018年5月31日，最高人民法院对原审被告人张文中诈骗、单位行贿、挪用资金再审一案进行公开宣判，撤销原审判决，改判张文中无罪。

《2019年最高人民法院工作报告》中指出，依法平等保护民营企业和企业家合法权益。审慎适用强制措施，禁止超范围查封扣押冻结涉案财物，坚决防止将经济纠纷当作犯罪处理，坚决防止将民事责任变为刑事责任，让企业家专心创业、放心投资、安心经营。再审改判张文中无罪，依法甄别纠正一批涉产权冤错案件。

《2019年最高人民检察院工作报告》中指出，国企民企、内资外资、大中小微企业落实好"平等"二字。严格区分正当融资与非法集资、产权纠纷与恶意侵占、个人财产与企业法人财产界限，强调审慎采用限制人身和财产权利的强制措施。对张文中案依法提出改判无罪意见。

三、法治为发展保驾护航

进入全面深化改革的新的历史时期以来，我国在推动发展过程中遇到的阻力、困难越来越多。在很多地方，关于本地经济文化发展的各项决策，总会引起人们的各种猜忌和非议。既得利益者会以各种各样的理由阻碍发展。民众对于发展的期待与要求越来越高，对于经济、社会发展与个人权利之间的关系也更加敏感。

一言以蔽之，社会成员对于什么是发展、发展的目标是什么，以及通过什么方式发展等诸如此类的问题，众说纷纭，各执一词。为此，亟须以一种社会各界都认可的发展思维与发展方式去谋划发展，努力推动要不要发展、如何发展、发展什么等问题的社会共识的达成。

（一）全面理解发展的内涵

实践当中，人们常常把发展简单理解为就是"经济发展"。我们看到，在许多地方，"一心一意搞经济"成为政府工作的中心主题。招商引资、重大工业项目、生产总值、财政收入、固定资产投资等经济指标，顺理成章地成为衡量干部执政能力与水平的重要标杆，甚至可以说是最重要的尺度。我们看到，各种经济数据在干部考核中的权重尤其突出，事关干部的提拔任用、仕途起落。这就直接导致了政府基本公共服务、社会保障、环境保护等工作的消极不作为，也造成了干群关系高度紧张。收入差距、贫富不均、社会不公、环境恶化等严重社会问题由此而发。

在这种政绩考核的背景之下，很多同志对法治的保驾护航作用认识不清、重视不够，认为经济发展是硬指标、依法治理是务虚的，人为将发展与法治对立起来。甚至认为"经济要上，法律就要让"，"发展有时就要违法违规"，"严格按照法律办事，很可能办不成事情"。还有人强调，地方要实现赶超发展，就要敢干敢突破，就必须摆脱法律的束缚。要依法就无法发展，要发展就无法依法。可以说，依法办事，被很多人看来束缚手脚、碍手碍脚，法律也被视作发展的"绊脚石"和"障碍物"。

这就迫切需要我们全面理解发展的内涵，经济发展绝不能代替社会的整体发展。必须明确，完成发展这个第一要务，不能以牺牲法治为代价，不能以"阻碍发展""方便管理""效率优先"等理由来拒绝依法办事。如果经济发展的列车没有法治这个重要的调节装置，或许，我们会为了某些个人快出政绩而造成各种"半拉子工程""烂尾工程"；或许，我们会为了某个"一拍脑袋"的发展规划而付出巨大的经济和社会成本；或许，我们会为了引进某个重大项目而牺牲生态环境和子孙后代的幸福。显然，背离法治的发展无法长远，难以持续。这种绕开法治的发展，体现的是一种恣意、任性的发展，一种一厢情愿的经济发展，将难以获得民众的支持与配合。

（二）依法化解实践中的各种发展怪圈

1."以项目带发展"引发的社会冲突

很多地方以重大项目、重要工程的引进来带动地方的快速发展，但也频繁引发与项目相关的社会冲突。很多情况下，这些项目在酝酿和筹备时，程序不公开，甚至连环评都不公开，老百姓对此全然无知。项目工程一旦动工，老百姓自然就不高兴了，情绪一激动很容易发展成群体性事件，影响当地的社会稳定。如果事情经由网络媒体的传播闹大了、全国人民关注了、媒体舆论起来了，当地政府迫于各界压力就马上出来宣布项目暂缓，或是干脆慌忙宣布以后当地永远不上马此类项目。

以案说理 厦门PX项目风波

2007年，厦门海沧区欲引进PX（对二甲苯）化工项目。该项目号称厦门"有史以来最大工业项目"。该项目自立项以来，饱受社会各界人士的质疑。2007年3月，在全国人大、政协"两会"上，中国科学院院士赵玉芬等105名全国政协委员联名签署提案，建议厦门PX项目迁址。同年6月初，厦门百万市民"疯传"同一条手机短信，为抵制PX项目落户厦门海沧区，市民以"散步"形式，集体在市政府门前表达反对意见，"PX风波"不期而至。最后的结果是厦门市政府决定缓建PX化工项目。

以案说理 什邡钼铜项目事件

2012年，四川什邡，一个计划投资超百亿元的"宏达钼铜多金属资源深加工综合利用项目"由于当地群众的激烈反对最终搁浅了。据悉，该项目占地3350亩，建成后年产钼4万吨、阴极铜40万吨、硫酸180万吨，每年伴生回收黄金10吨、白银500吨；年销售收入预计达500亿元。但是在过去2年多的时间里，众多什邡当地民众对这样一个如此重大的项目几乎一无所知。直到工程奠基那天，当地老百姓才知道这件事情。事件开始迅速发酵，由于害怕钼铜项目对当地水质造成严重危害，群众开始集体反对这个项目。2012年6月30日上午，有部分什邡市民来到市政府门口要求停止建设钼铜项目；7月1日晚，又有近千名市民和学生聚集在什邡市委门口和宏达广场两地上访，要求停建项目；7月2日中午，聚集市民越来越多，情绪激动，警民之间发生了冲突，多名群众受伤。随着时间的推移，对立的情绪逐渐强烈起来，并爆发激烈冲突。政府官员也承认当初和群众之间的沟通不足，只是没有想到后果竟然这样严重。迫于压力，什邡市委、市政府很快决定：今后不再建设钼铜项目。仅仅亮相5天的宏达钼铜项目，就被宣布彻底告别什邡。

2."邻避效应"问题

近年来，我们经常看到一些重大民生工程也因"邻避效应"而搁浅。任何一个懂得常理的公民都知道，垃圾焚烧厂、垃圾填埋场、民用机场、公墓、磁悬浮铁路、高压变电站、公共厕所这些公共设施是大家都需要而且必须修建的，否则居民的衣食住行、生老病死方面的基本公共服务将无法保证，城市将无法发展。但是，现在的问题在于，尽管大家都认识到这些必需的公共设施的重要意义，却谁都不愿意把它们修在自己家的旁边。那么，对于政府来说，是不是有人反对，我们的垃圾焚烧厂、公共墓地、公共厕所就不建了呢？这真是个难题，也是当前很多地方发展所面临的两难困境。

以案说理 **广州番禺垃圾焚烧场事件**

2009年，广州市政府决定在番禺区建立生活垃圾焚烧发电厂。该项目2004年确定选址，2006年通过选址审批，5年来对公众没有进行情况通报，没有举行听证，没有征求公众意见。2009年9月，有关媒体报道："由广日集团投资两亿元的广州市番禺区生活垃圾焚烧发电厂即将进行环评，环评通过后立即破土动工，预计明年建成。"这才"惊醒"了周边30万居民，成为点燃事件的导火索。10月，数百名业主发起签名反对建设垃圾焚烧发电厂的抗议活动。关于不赞成建设垃圾焚烧厂的原因，94.4%受访者认为是"因垃圾发电厂建设与民生息息相关，政府有关部门在决策过程中未能广泛征求民意"。12月20日，番禺区委表示，项目已经停止，而且表示垃圾焚烧厂的建设时间表由市民来定。

以案说理 　**杭州余杭垃圾焚烧项目**

2014年5月10日上午，浙江省杭州市余杭区中泰乡及附近地区人员因反对垃圾焚烧项目选址，发生规模性聚集，并封堵02省道和杭徽高速公路，一度造成交通中断、多人受伤。余杭官方表态，在没有履行完法定程序和征得大家理解支持的情况下，一定不开工。杭州市政府立即表示，确保群众知情权，一定要把这个项目做成能求取最大公约数的项目。

上述两个案例反映的就是著名的"邻避效应"问题。当地居民或社会组织因担心建设项目（如垃圾场、核电厂、公共墓地等邻避设施）对自己的身体健康、环境质量和房屋资产价值等带来诸多负面影响，从而诱发人们对这些项目的嫌恶情结，滋生"不要建在我家后院"的心理，甚至采取强烈和坚决的、有时高度情绪化的集体反对甚至抗争行为。从本质上说，这种"邻避效应"是人之常情的表现，也是理性经济人心理的重要反映，应依照一定程序循理解决，而不能以一种简单、粗暴的行政化方式解决。

3."征地拆迁"的发展难题

每个地方的发展与治理都绕不开征地、拆迁所带来的沉重困扰与难题。改革开放40多年来的经验表明，征地拆迁亦是各地进行城市基础设施建设和发展地方经济的一个必要环节，是城市化进程绕不过去的一个大坎。发展就要占地、上项目就要拆迁，地征不下来就没法修路、没法上大项目，地方发展也就无从谈起。有人曾经这样说："拆迁的速度就是我们发展的速度，拆迁的力度就是我们发展的力度，拆迁的成本就是我们发展的成本。"这其实就是很多基层干部普遍心态的真实反映。可是，一征地、一拆迁就免不了激起社会矛盾，处理不好还会造成大批上访户，造成群体性事件。一方面是"发展是硬道理"，另一方面是"稳定压倒一切"。在这种双重压力之下，不难理解，对于基层领导干部来说，征地、拆迁肯定是最为头痛的事情。

近年来，征地拆迁引发的官民冲突和暴力事件不时见诸媒体。我们看到，一些地方常常绕开土地征用和房屋拆迁的法律程序，事先也未经当事人协商同意，直接以会议纪要形式强行决定土地征用或房屋拆迁事项。在征地拆迁过程中，既没有与被征地者、被拆迁者签订好补偿协议，也没有事先向人民法院申请裁定强制执行，而是直接组织拆迁人员进行强征、强拆。

还有一些地方，为了赶着拿到地、抢时间上项目，不顾后果、不计代价，甚至虚假答应一些"钉子户"的漫天要价。在哄着老百姓搬迁腾地之后，事后又翻脸不认账或找出各种理由推脱责任、不兑现承诺。退一步说，即使事后兑现对少数"钉子户"的承诺，也容易造成补偿标准的不统一。这种做法，必然会造成被拆迁人的机会主义心理、政府行为的无规则化，造成实践当中谁听政府的话先搬走谁就吃亏、谁扛到最后谁就获利最大的拆迁怪象。这也使得日后的征地拆迁工作越来越难办。这种做法更直接的后果就是造成了日后的大批"上访户"。

这些事实都表明，在经济思维、行政思维主导之下的征地拆迁、推动发展的行为，其正当性与合法性受到大范围的批评与质疑，政府的权威性和公信力也因此受到毁损。这就迫使我们要善于运用法治思维与法治方式对征地拆迁这样事关地方发展的重大事项进行决策和执行。只有回到法治的轨道上解决问题，我们发展的"大坎"才能迈得平稳和顺利。

以案说理 　**北京大兴机场征地拆迁案**

针对北京大兴机场征地拆迁过程中产生的矛盾和纠纷，当地政府注重运用法治思维和法治方式化解纠纷矛盾、保护群众利益。2015年9月，大兴机场主要建设区域榆垡、礼贤两镇13个拆迁村累计签约7005户，住宅类签约任务圆满完成，签约率达100%，未出现一起群体访和个人越级访，实现了和谐无震荡拆迁。

其主要做法与经验是：首先，制定《北京大兴机场拆迁补偿实施方案》，坚持在公开、公正的基础上设计出一个公平均衡的补偿方案，作出"多建不多得、不建不少得"的承诺，引导村民理性认识机场建设征地拆迁。其次，征地拆迁过程始终坚持信息公开透明，提前开展风险评估，做好政策解释与群众参与工作，分类做好矛盾纠纷化解。实行"一户一台账"制度，党员干部入户关怀，把工作做在前面、做细做实。再次，注重发挥司法机关的能动作用，法院主动发现和解决纠纷，扩大典型案例的公开审判与宣传。最后，充分发挥律师的法律服务作用，让律师入村提供咨询帮助，帮助政府宣传拆迁补偿政策、解释法律疑惑。利用基层多元纠纷矛盾解决机制，法庭、村委会、司法所、派出所等联动化解社会矛盾。

央视新闻频道专门录制《北京新机场征地拆迁记》，称赞大兴机场征地拆迁创造了"机场效率"，最大限度维护了老百姓利益，增强了党委、政府公信力，呈现了基层干部在处理社会矛盾过程中运用的法治思维和法治方式，对于全国的征地拆迁具有较为积极的典型示范意义。

4. 引入法治思维化解"项目开工—群众抗议—政府让步—宣布停建"的发展怪圈

经济发展与社会治理的首要步骤和基础性环节就是决策。决策是指为了达到一定的发展与治理目的，利用已知的信息进行方案或者规划设定、确立的过程。可以说，决策是一切执政和施政行为的前提，也是政府管理与社会治理能够沿着正确轨道前行的基础。从权力运行的过程来看，只有做到决策科学，才能做到执行坚决、监督有力。

各地在发展过程中出现的上述典型事例，充分说明在地方发展的重大决策过程中，法治思维所内含的民众知情、民主参与、科学决策和正当程序的重要意义。

第一，要依法保障公众的知情权、参与权和决定权。在国家治理现代化的要求之下，发展规划、项目决策、社会治理政策的正当性、合理性、科学性要通过决策过程的公开、透明、公正体现出来。公开透明，是防止暗箱操作的关键"法宝"、最重要的权力"防腐剂"。否则，形形色色、五花八门的"发展规划"，就有可能异化为谋取强势群体利益的华丽外衣，各种高大上的项目引进和大面积的征地拆迁，就有可能聚集越来越多的负面情绪和社会不满。

为此，涉及当地群众切身利益或者地方发展重大事项的决策，应当在当地新闻媒体上公开征求群众意见。在实践中，很多领导干部怕老百姓知道后闹事会影响决策、影响项目落地，就一再隐瞒、封锁消息。殊不知，世上没有不透风的墙。重大项目终归是要与群众见面的，瞒得了一时，瞒不过一世。上面提到的一些案例中，政府官员也承认当初和群众之间的沟通不足，只是没有想到后果竟然这样严重，引发了群体性事件。

第二，通过专家论证、风险评估、合法性审查、集体讨论等正当程序，增强决策透明度、公众参与度和科学性。只有在各种利益群体充分陈述自己观点和理由的基础上，将社会力量引入决策过程，促使公众对其普遍关心的重大项目在集思广益的基础上形成统一看法、达成共识，才能为一些重大现实问题找到合理且符合各方利益最大化的解决方案。譬如，在引进PX等项目的酝酿阶段，就应做大量的准备和调研工作，让群众有多种途径了解和认识PX项目对本地发展的重要意义，全面了解其安全性能以及可能产生的危害。公众参与项目的规划与环评过程，实际上就是一个普及与宣传相关知识的过程。

第三，依法决策是民主决策和科学决策的重要保障。在决策过程中，用地审批、征地补偿、房屋拆迁、招标投标、环境影响评估等事项必须严格遵守法律法规和相关政策，恪守法律的底线。在就发展事项作出决策时，在想问题、作决策、办事情时，必须绷紧"法无授权不可为、法定职责必须为"这根弦。要牢记在心的是，凡重大决策都应做到于法有据、有法可依。相较而言，"一言堂"决策、一把手个人决策，虽然在效率、权威上面有一定优势，但是由于缺乏科学论证、必要的制约监督，往往容易出现较大缺陷。

第四，依托现代信息技术、网络技术等科技手段，实现更加民主科学的决策、更加高效的治理。这包括逐步建立专家参与、民众参与、风险评估、可行性研究等制度，科学合理的公示、陈述、辩论、质询、投票机制，以及决策后的责任追究、纠错改正和效果评估等机制。应当认识到，决策工具的现代化是科学决策的根本标志和关键因素。通过计算机、数学模型等现代技术手段，运用信息技术、网络技术、通信技术和数学分析方法，应用各种信息处理设备、决策模型和管理软件等，收集信息、掌握舆情、分析形势，将使得重大事项的决策更加客观、真实、准确。

（三）充分发挥法治之于发展的正能量

法治是地方发展的"软实力"，为地方发展提供极其重要的"软环境"。它就像一只威力巨大的"无形之手"，引导、捍卫和推动着经济与社会的发展。转变传统的发展观念，以及改革实践当中不科学、不协调、不全面的发展方式，应当充分认识和发挥法治之于发展的不可或缺的重要价值。这主要表现为以下三个方面。

一是有助于科学决策、民主决策，切实提高政府的决策能力和治理绩效。当代社会发展、科技发展日新月异，社会转型加速变迁，人的思维方式和行为模式也发生了根本性的转变。过去那种"先抓牌后定规则"的传统决策思维定势，那种一把手"拍脑瓜"决策、"一言堂"决策，已难以适应现代社会治理的各项要求。就地方发展的重大事项决策而言，必然要实现从个人决策到民主决策、从定性决策到定性定量相结合的决策、从注重决策结果到注重决策程序的转变。

二是有助于经济社会发展的各项举措获得广泛的社会认同

理论链接

各级领导干部要提高运用法治思维和法治方式深化改革、推动发展、化解矛盾、维护稳定能力，努力推动形成办事依法、遇事找法、解决问题用法、化解矛盾靠法的良好法治环境，在法治轨道上推动各项工作。

——习近平：《在首都各界纪念现行宪法公布施行30周年大会上的讲话》（2012年12月4日）

要推动我国经济社会持续健康发展，不断开拓中国特色社会主义事业更加广阔的发展前景，就必须全面推进社会主义法治国家建设，从法治上为解决这些问题提供制度化方案。

——习近平：《关于〈中共中央关于全面推进依法治国若干重大问题的决定〉的说明》（2014年10月20日）

与支持，避免社会矛盾激化。甄别、分析、协调不同群体之间的利益并使之获得一定程度的整合，是地方发展决策的一个至关重要的环节。通过公开、透明的法律程序，相关利害关系人和利益群体能够参与到发展决策讨论的过程中，政府与社会公众以及各方面利害关系人就有了沟通、协商、对话的平台，就能促成群众与政府、不同群众之间达成共识，以一种规范有序的群众参与来化解当前政府的社会信任危机。

三是有助于以一种强有力、高效权威的形式来推动各项与地方发展密切相关的项目执行。法治以一种法定的权威方式保障发展"第一要务"的重要地位，引导和督促领导干部在推进各项县域工作的过程中始终抓住发展这个"硬道理"，防止懒政、惰政、为官不为现象的发生，防止为了发展而发展、胡乱上项目的盲目性和随意性发展。一方面，假如多数群众认为不能做、不需要做，或者说，尽管该项目确为地方发展所急需但群众不甚了解，那么我们就不能强行上马、强力推进，只有继续说服和教育民众，等待时机成熟再推动项目上马；另一方面，如果经过了法定的民主参与和协商程序，并以人大或政协决议的权威形式加以推进，倘若还有人反对、闹事，那就是违背地方发展的共同意愿，就是扰乱公共秩序，执法部门就可以采取措施制止，造成严重社会危害的还要追究法律责任。

综上所述，法治是一个地方发展的"软实力"，是助推地方经济发展的"无形之手"。脱离法治、急功近利地谋求发展，尽管可能得到暂时的好处，但只能适应一时一地，无法长远、难以持续。没有法治保障的发展如同没有轨道的火车，欲速则不达，最终不是有助于当地的经济发展，而是可能以发展之名破坏发展。故此，必须牢记，要把发展的"速度"和"力度"与民众的可理解程度、社会秩序的可承受度结合起来，把发展的路径与手段同法治的限度与底线结合起来。

为此，我们应学会善于将发展的各种难题转化为各种法律问题，从法治思维的角度加以认识，以法治方式加以化解。这才是实现全面、以人为本、可持续的科学发展的根本之道。

四、用法治思维和方式化解社会矛盾

依法治理，就其本义而言，就是依据法律规则甄别各种利益关系、化解各种社会矛盾和利益纠纷的过程。通过法治这种明确、公正、高效、权威的方式，实现在法治轨道上定分止争，从而避免社会矛盾的进一步激化和引发社会震荡。

（一）当前社会矛盾的主要类型及深层次原因

当前，我国常见的社会矛盾主要表现为农村土地权益、城市拆迁安置、环境污染、劳动争议、执法违法和粗暴执法、司法不公、基层公共服务缺位、部分群体要求解决经济待遇等问题引发的矛盾。引发这些矛盾的主要原因可以归结为以下几个方面。

第一，改革打破了传统的利益格局，经济社会的快速发展使得居民的收入差距迅速扩大、贫富悬殊不断增大，社会成员之间出现了明显的分化。群众的心态出现巨大落差，社会上集聚了一批不满群体。可以看到，几乎每次重大改革的背后，都会产生新的不满群体，譬如国企下岗工人、民办教师、回城知青、退休职工、复员军人等；每个重大工程的背后，常常会酝酿出新的社会问题与矛盾，譬如土地征收、房屋补偿、库区移民、企业改制等。

第二，一些执法和司法人员难以做到严格执法、公正司法，存在大量执法不公、徇私舞弊、枉法裁判等令群众愤恨的社会不公现象。一些基层干部依法治理能力不足，懒政、怠政现象普遍，缺乏化解社会矛盾的能力。尤其是一些村级政权建设陷入半瘫痪状态，很多矛盾在村级根本得不到及时化解。对于民众的合法合理诉求，常常是置之不理、能拖就拖，像扔皮球一样互相推诿。"小事拖大，大事拖炸"的现象屡见不鲜。

第三，随着市场经济的发展和社会结构的变化、流动人口的急剧增长，群众的思想观念和行为方式也发生巨大变化。诚信、谦虚、礼让、宽容、信义等传统道德准则逐渐被追求经济利益最大化的价值观念所分化和消解，传统伦理道德的社会约束作用渐趋弱化。一些原本通过乡规民约、道德准则就可以解决的邻里纠纷、家庭矛盾，如今也日益公开化、剧烈化，并且大量涌入社会治理领域。

第四，普通群众缺乏利益表达、反映诉求的渠道和组织形式。群众个体和家庭基本处于"原子化"的分散状态，无法通过正常渠道提出利益诉求。人大、政协、工青妇等社会组织在维护群众权益、化解社会矛盾方面的作用发挥得还远远不够，在代表民意、反映民声、解决社会纠纷方面缺乏足够的凝聚力与影响力。

显然，引起社会矛盾的既有现实的新问题也有历史遗留下来的老问题，既有基层执行方面的原因也有中央政策方面的原因，既有政府违法行政、不当作为的情况也有群众无理取闹的情况，既有政府与群众之间的官民矛盾也有老百姓之间的民间纠纷，情况复杂至极，难以一概而论。毋庸置疑，这些问题与矛盾是我国国家治理现代化进程中不可避免的，要从根本上解决，需要一个长期的历史过程。

（二）以法治思维与法治方式来化解矛盾

当前，我国的社会矛盾基本上属于人民内部矛盾性质的利益冲突，绝大部分矛盾属于经济利益性矛盾。换言之，社会矛盾通常表现为社会治理的"微观环境"当中的一些具体经济、民生、环保问题，通常并没有什么政治企图。解决这些非政治性、非不可调和的人民内部矛盾，法治相对于其他方式具有较大的比较优势。而且，许多社会矛盾的产生很大程度上就是与一些党政机关及其工作人员有法

📃 **理论链接**

过去，我们常常以为，一些矛盾和问题是由于经济发展水平低、老百姓收入少造成的，等经济发展水平提高了、老百姓生活好起来了，社会矛盾和问题就会减少。现在看来，不发展有不发展的问题，发展起来有发展起来的问题，而发展起来后出现的问题并不比发展起来前少，甚至更多更复杂了。新形势下，如果利益关系协调不好、各种矛盾处理不好，就会导致问题激化，严重的就会影响发展进程。

——习近平：《在党的十八届五中全会第二次全体会议上的讲话》（2015年10月29日）

不依、执法不严、司法不公紧密相关。这些矛盾要得以彻底解决，就更需要回到法治的轨道上来。

1. 用规则思维、公平思维来化解矛盾

实践当中，潜规则盛行、社会不公是导致各种社会矛盾的主要原因。"法，国之权衡也，时之准绳也。"以法律这种确定性、权威性的"明规则"战胜各种"看人下菜"的"潜规则"，实现法律面前的公平对待，以一种规则思维和公平思维来化解社会矛盾，才是维护社会稳定的治本之策。

进入新时代以来，中国的老百姓不仅要吃饱穿暖、生活富裕，还比历史上任何时期都向往社会公平正义，需要权利的平等、机会的均衡、规则的透明。当前，社会治理中的很多热点、焦点、难点问题，都不同程度上与社会公正问题密切相联。因此，依法妥善解决社会公正问题，更加紧迫地摆在每位领导干部面前，也成为我们在化解社会矛盾过程中不得不面对的重大课题。

什么是法治思维之下的公平？简单地说，就是要严格依照法律规定，公平对待每个公民，给每个公民其应得的。此外，要消除各种"法外特权"现象，排除人情、关系、权力、金钱等因素对于矛盾处理的不利影响。

2. 正当程序是化解矛盾的基本路径与依据

我们看到，在化解社会矛盾和社会治理的过程中，对于"什么是对的""什么是错的"，即当事人"孰对孰错"的评价与判断，经常是两边各执一词，互相指责，难以服众。是任其没完没了地指责、争吵、消耗下去，还是通过特定步骤和程序拿出一个双方基本认可的解决方案？这是横亘在领导干部面前的常见问题。

在化解社会矛盾的过程中，不仅要追求实体结果的公正，而

且要实现看得见的"程序正义"。正当程序对当事人的基本要求就是，只要是经过法定步骤和程序，依据公开、平等对待、中立等程序性要求作出的处理结果，即使当事人内心不服或裁判结果对其不利，也要接受和承认问题处理结果的公正性和合理性。故此，正当程序有助于社会公众对纠纷裁决者产生普遍的信服和尊重，有助于社会矛盾的及时、高效化解。

显然，运用法治思维和法治方式化解矛盾，不仅要求处理问题的结果合法，而且要求过程合法；不仅要求内容和实体合法，而且要求手段和程序合法。有的时候，过程比结果、手段比内容、程序比实体显得更为重要。通过对过程、手段、程序的要求，可以把影响结果和内容的不良因素减小到最低限度。因此，领导干部应进一步强化程序意识，权力行使不仅要依法公正，而且要以一种看得见、易于被群众接受、令人信服的方式来行使。在化解社会矛盾的过程中，尤其是在政府作为一方当事人的社会纠纷处理过程中，正当程序的要求更是不可或缺的重要环节。

3. 构建以司法为"最后一道防线"的多元化纠纷解决机制

面对大量复杂的各种社会矛盾与纠纷，应建立社会矛盾纠纷预防化解机制，完善调解、仲裁、行政裁决、行政复议、诉讼等有机衔接的多元化纠纷解决机制，形成化解社会矛盾纠纷的"联防联治"工作局面。需要强调的是，司法应被看作解决社会纠纷、实现社会公平正义的最后一道防线。如果司法无权威，那么法律也就无权威，法律无权威也就意味着无法治。实践当中，假如民众尊重法院的工作，他们对司法的尊重将克服其他政府部门的缺陷，但是如果他们失去了对法院的尊重，那么他们对法律和秩序的尊重也将会消失，从而对社会秩序与稳定造成极大的危害。运用法治思维和法治方式化解社会矛盾的核心要求就是，社会成员根据法律行使权利和履行义务，主要通过司法途径来解决纠纷和争端，从而使社会矛盾在法律秩序的范围内得到控制。"依法治理"并不是要求社会不存在暴力冲突或社会矛盾，而是强调拥有将暴力和社会冲突通过司法途径、运用法律职业者的力量，以一种规范、公正、权威、高效的形式加以化解的能力。

（三）发挥多元化社会矛盾纠纷解决机制的作用

当前，大量社会矛盾既涉及众多人的物质利益，又与文化价值观念的多元、混乱有关；既涉及表层的实体权利问题，又涉及深层的思想认识问题。在这些极其复杂的矛盾面前，法治往往会遭遇现实的反诘与质疑，法治手段往往显得无力甚至是失灵。应该看到，法治在化解社会矛盾的过程中不是全能的，也不是唯一的。法治不可能将所有的社会矛盾都纳入自己的领域。在此，我们要反对法治万能主义、法治理想主义的观念，应充分发挥政策、道德、乡规民约等多种社会规范的力量，建立与完善多元化社会矛盾纠纷解决机制。

具体言之，法律重在规范人们的外在行为和事后纠错，道德强调良心教化和事先预防；法律追求稳定与统一，政策讲究及时和灵活；宗教能帮助把外在的法律规则转化为社会成员的内心自觉。为此，

📖 **理论链接**

强化法律在维护群众权益、化解社会矛盾中的权威地位，引导和支持人们理性表达诉求、依法维护权益，解决好群众最关心最直接最现实的利益问题。

构建对维护群众利益具有重大作用的制度体系，建立健全社会矛盾预警机制、利益表达机制、协商沟通机制、救济救助机制，畅通群众利益协调、权益保障法律渠道。把信访纳入法治化轨道，保障合理合法诉求依照法律规定和程序就能得到合理合法的结果。

——《中共中央关于全面推进依法治国若干重大问题的决定》

在化解社会矛盾的过程中，必须注重法律、道德、政策、宗教等多种形式之间的相辅相成与良性互动，应当实现法治与其他矛盾化解手段的有效整合。当然，需要明确的是，道德、政策、宗教、乡规民约、地方风俗等社会治理方式，只有在合乎法律规定的前提之下，并在法律所确定的领域之内才能发挥作用。

五、正确认识法治与维稳的关系

任何社会的发展都是稳定与不稳定的对立统一。从辩证法来看，稳定是具体、暂时、附条件、表象和相对的，而矛盾则是普遍、永恒、无条件、内在和绝对的。社会稳定是人类社会发展的一种安定有序、相对平衡的状态，是相对于社会失控、动乱无序而言的一种有序、和谐状态。然而，稳定并不是指整个社会没有矛盾、静止不变、停滞不前，而是在社会不断变革与发展中的稳定，是处于各种错综复杂的矛盾交织中的稳定。

（一）法治是维护社会稳定的根本途径

社会稳定既是法治的价值取向与目标，也是其所需的社会基础和条件。一方面，没有稳定的社会环境，法治就意味着一句空话。改革开放以来，我国经济、政治与社会生活，以及法治建设的各个领域之所以能够取得如此巨大的成就，一个根本前提就是始终保持了社会稳定。另一方面，法治是维护社会稳定的根本途径和最可靠的手段。在法治轨道上化解矛盾和稳定社会的能力，是检验一个地方治理能力的重要标志。简言之，任何一个地方的治理，善治与恶治的分界以及社会真正意义的稳定，最终取决于其运用法治思维与法治方式化解各种矛盾的能力。在特定意义上，法治与社会稳定之间是手段与目的的关系。

良好的法治建设有利于稳定。良好、常态的法治建设，可以通过立法集中民智、表达民情，通过执法调整社会行为、引导和协调各种利益关系，通过司法疏导民众情绪、宣泄社会不满情绪。这样，政府机关与社会成员，以及社会成员之间的矛盾与冲突，能够在民事、刑事、行政等法律规范的调整之下，以和平、理性、秩序的方式加以化解，从而构建社会稳定的强大防线。反之，破坏法治将严重威胁社会稳定，给人民带来巨大灾难，引起社会主义事业的严重挫折。

应当看到，法治在打击恐怖主义、分裂主义、邪教方面，在防范和惩治腐败、遏制犯罪方面，在妥善处理人民内部矛盾、构筑社会稳定的底线方面，有着其他维稳手段所不可比拟的优势。但是，一旦法治建设自身出了问题，如执法违法、司法不公、徇私枉法、贪赃枉法等，在一些地方就很可能成为诱发群众不满，甚至引发群体性事件的直接原因。正是有法不依、执法不严、违法不究等破坏法治的行为，使法律的权威性和公正性遭到肆意践踏，正义得不到伸张，邪恶得不到惩罚。这不仅会严重威胁社会稳定，而且极有可能导致整个社会逐渐脱离法治的轨道，诱发大的社会动荡。

当前，影响社会稳定的法治领域的原因主要表现为：一是存在大量行政权力使用不当、执法不公、暴力执法、执法商业化等现象，使得一些执法行为失去民众的认同和支持，甚至引起社会的强烈不满和愤慨；二是严重的司法腐败与司法不公，破坏民众对司法乃至整个法治的信任，冲击司法的权威和公信力，从而大大瓦解通过司法来解决个体利益诉求、寻求法律救济的社会心理基础；三是个别领导干部滥用职权、以权代法、以权压法、徇私枉法，势必在社会上产生强烈的负面效应，从而导致社会成员整体守法意识的弱化；四是民众的法治意识薄弱，全社会的法治信仰还远未建立起来，一些群众在利益受损或发生利益纠纷时，惯用"问题必须闹""大闹大解决、小闹小解决、不闹不解决"的聚众闹事、缠访闹访等方式来寻求解决，使本来可以通过法律程序个别解决的个案演变为突发性的群体事件。这些都是引发社会不稳定因素的重要原因。

（二）法治视角下的社会稳定

1. 克服"搞定""摆平"的维稳工作思维

长期以来，我国社会治理过程中盛行"稳定压倒一切"的行动逻辑。在"把矛盾解决在基层"、"小事不出村、大事不出乡"和"矛盾不上交"的治理目标之下，群体事件发生率和解决效果成为考核领导干部的重要指标。在中央要求"敏感时期零进京"之后，进京以及越级上访人数也成为评价官员政绩的重要依据。很多地方都实行维稳工作"一票否决"。在"发展"的"第一要务"与"稳定"的"第一责任"的双重压力之下，基层干部的工作压力巨大。在一些地方，维稳甚至成为基层干部最焦虑、投入力量最大的首要任务。

📋 **理论链接**

我国改革进入攻坚期和深水区，社会稳定进入风险期，各种一般矛盾和深层次矛盾交织叠加，一些重大问题敏感程度明显增大，处理不慎极易影响社会稳定。

——习近平：《在中央政法工作会议上的讲话》（2014年1月7日）

理论链接

要引导全体人民遵守法律，有问题依靠法律来解决，决不能让那种大闹大解决、小闹小解决、不闹不解决现象蔓延开来，否则还有什么法治可言呢？要坚决改变违法成本低、守法成本高的现象，谁违法就要付出比守法更大的代价，甚至是几倍、十几倍、几十倍的代价。当然，这是一个过程，要逐步在广大干部群众中树立法律的权威，使大家都相信，只要是合理合法的诉求，通过法律程序就能得到合理合法的结果。

——习近平：《在十八届中央政治局第四次集体学习时的讲话》（2013年2月23日）

在巨大的压力倒逼之下，稳定工作更多地被理解为"搞定"和"摆平"，而不是真正意义上的安定与秩序。在"搞定"和"摆平"的过程中，许多法治的底线有可能被突破。当前，以下这些维稳思维和方式是需要克服的：一是治标不治本的"锯箭法"；二是不问青红皂白的"使蛮力"、刚性维稳和暴力维稳；三是不计代价的"花钱买"，即通常所说的"花钱买太平""人民内部矛盾人民币解决"。

克服当前一些地方的非法治化"搞定"和"摆平"的维稳做法，是实现法治化维稳的当务之急。我们首先应当澄清这样一种错误的认识，即认为法治与维稳是一组悖论，要稳定就不能讲法治，讲法治就难以稳定。现实当中，"稳定是第一责任"的重压使得一些地方"不惜代价、只求稳定"，奉行"大闹大解决、小闹小解决、不闹不解决"以及"花钱买太平"的维稳思路与工作逻辑。在化解社会矛盾的过程中常常超越现行法律规定，采取"变相安抚"或"刚性压制"等诸如此类的非法治化方法。这不仅大大增加了各地的社会治理成本，还使得维稳工作陷入"越维越不稳"的恶性循环和"摁下葫芦浮起瓢"的尴尬困境。

提高基层领导干部的依法治理能力，就必须反对为了维稳而牺牲法治的做法，反对一些地方为了眼前的息事宁人而将法律规定置于脑后，反对为了迎合暂时的民众情绪、舆论形势而冲破法治权威和政府权威的底线。对于闹事群众的不法要求，不能以牺牲司法和法治权威为代价过度承诺和迁就。

2. 树立科学的依法维稳观

"稳定"有一个相对与绝对、动态与静态、暂时与长久、表面与实质的区分问题。在法治思维之下，社会的稳定状态强调的是绝大多数社会成员认同、遵守国家法律，维持现行宪法和法律确定的社会秩序，根据法律行使权利和履行义务，主要通过司法途径解决社会矛盾和争端。这样，社会矛盾和冲突在法律秩序（理性）的范围内得到控制，从而保证社会的整体和谐、向前发展和长治久安。简言之，法治思维之下的社会稳定，就是在现行法律框架内，通过立法、行政和司法三大法治系统的运作，实现国家权力运行的规范和有序、公民人身与财产的安全、政府行为与社会成员行为的可预期和可控制，以及由此而实现的法治秩序和稳定的社会状态。

因此，在法治视角之下，稳定并不是指社会不存在暴力冲突或社会矛盾，而是指拥有将各种社会暴力和冲突规范化、制度化解决的能力。这种能力只有通过法治系统的有效运作才能获得。维稳不是要消除也不可能完全消除利益矛盾和冲突，而是要为其设立制度和规则，为问题的解决提供法治化渠道与方式。

如果把社会矛盾和冲突比作"水"，法治就像是用来治水的"渠"。"水"流在"渠"里，往哪个方向走、在哪里拐弯，哪里缓一些、哪里急一些，我们都可以预测。但是，假如我们没有这个"渠"，或者虽然有，但是修得不够坚实、不够宽敞，那么，为了防止"水患"，就只能到处筑坝、严防死守，"水"也就没有了疏通渠道的功能。因此，实现长治久安意义上的社会稳定，最重要的办法就是修好法治这个"渠",即建立公平的法律规则、正当的法律程序,并且强化和保证这些规则和程序的落实。经由这种"修渠"而非"围堵"获得的社会稳定,不是暂时、表面、绝对状态的稳定,而是一种长久、深层、动态意义的稳定。

(三)法治是维稳的最可靠形式

在当代中国,法治既是社会稳定的象征,又是维护稳定的根本途径与主要手段。在推进国家治理现代化的进程中,对社会稳定发挥作用最广泛、实践证明最可靠的就是良好的法治。在法治系统运行良好的基础之上,由于法律制度符合公平、正义和人类理性,由于严格执法和公正司法而使社会公众对它产生内心认同和服从,因而能够以共同的法律规则和法治权威为纽带促进整个社会共同体的聚合和稳定。

首先,法治具有明确性、稳定性、规范性的特点。稳定所依托的社会秩序,必须得到法治的确认和规范。达到某种秩序,既是社会稳定的目标与结果,也是检验法治建设成效的重要指标。只有当特定的利益诉求上升为明确的法律权利,并且把公民权利转化为政府的法定职责和义务,才能使民众权利获得最可靠的实现方式,才能把现实的利益冲突纳入法治的范围内解决。

其次,法治具有公正性和权威性特点。在发生

理论链接

当前,各种人民内部矛盾和社会矛盾已经成为影响社会稳定很突出、处理起来很棘手的问题,而其中大量问题是由利益问题引发的。这就要求我们处理好维稳和维权的关系。从人民内部和社会一般意义上说,维权是维稳的基础,维稳的实质是维权。人心安定,社会才能稳定。对涉及维权的维稳问题,首先要把群众合理合法的利益诉求解决好。单纯维稳,不解决利益问题,那是本末倒置,最后也难以稳定下来。
——习近平:《在中央政法工作会议上的讲话》(2014年1月7日)

我们要坚持把改革的力度、发展的速度和社会可承受的程度统一起来,把改善人民生活作为正确处理改革发展稳定关系的结合点。……既着力解决关系群众切身利益的问题,又着力引导群众正确处理各种利益关系、理性合法表达利益诉求,营造安定团结的社会氛围。
——习近平:《在十八届中央政治局第二次集体学习时的讲话》(2012年12月31日)

社会冲突时，法治可以担当一个中立公正的裁判者角色。当前，很多社会纠纷是政府以公共利益的名义与民众发生的纠纷，政府本身就是利益相关的当事人一方。这时就必须有一个中立、权威的裁判者起到判别是非的作用。因此，法治作为第三方，相较于行政手段，可以更公平地划清责任、确定利益归属，更有利于令人信服地实现定分止争。

从根本意义上说，法治的精髓在于有效制约国家权力，防止公权力的失控和变异，防止国家公职人员滥用权力、贪赃枉法，此乃一个社会最深层的稳定因素。换言之，只有领导干部不断提高依法治理能力，才能从源头上预防和消除各种不稳定因素的产生。

六、信访难题的依法治理

改革开放40多年来，在经济发展和社会进步的大背景下，各种社会矛盾新旧交织，利益诉求错综复杂。民众反映利益诉求、寻求公权力救济的情况越来越普遍，形式也越来越多样化。其中，信访是实现民主监督、保障人民权益、做好群众工作的重要形式，也是多元纠纷解决机制中不可或缺的组成部分，贯穿于基层社会治理的全过程。在此过程中，民众"信访不信法"一直是领导干部要面对的治理难题。这就需要我们运用法治思维和法治方式做好信访工作，使信访工作依法运行，使信访难题依法处理。

（一）信访难题产生的历史与现实原因

1. 历史文化原因

上访在中国社会的治理实践中源远流长、历代不辍，是一种有着深厚历史积淀的"文化现象"。在相当程度上，它也是中国传统社会治理方式的组成部分，亦是特定历史语境下的法文化内涵和精神要素的载体。不管是在历史上还是在现实当中，进京上访都浸透着一种强烈的民本主义思想。封建统治者认识到，要给老百姓告状的自由，听取坊间的各种议论，才能做到建言立政、下情上达，才能平息民怨、防微杜渐和安固政权。

几千年来，中国的老百姓形成了对权力的高度崇拜以及"信上不信下"的心理。从源远流长的中华传统法文化来看，中国的百姓往往把社会治理的希望寄托在明君、贤臣、廉吏的身上，对官员的要求是"为民父母""为民做主"。上访者也大都抱有浓郁的清官情结和"包公"心理。在民众朴素的意识当中，百姓认为"清官"和"青天"能够不畏权贵、明察秋毫、明断是非，能帮助他们伸张正义、主持公道。

古代中国的诉讼，实际上是没有终审一说的，也没有司法"确定性""终结性"的程序正义概念和要求。这就形成了"无限上诉"以及"重实体、轻程序"的司法传统，造成现实当中无止境的缠讼、闹访，以及大量"案了事不了"的现象。很多上访者认为自己"有理走遍天下都不怕"，所以可以"得理不饶人"，即使采取一些"非法""制度外"的抗争形式也理应被宽容和理解。

2. 社会现实原因

上访也是中国改革开放和社会转型过程中的一种客观存在，亦是我国经济社会快速发展必然付出的代价。改革开放以来，随着中国社会的深刻转型和利益格局的调整，经济领域和社会生活中的一些深层次矛盾日益凸显、向上聚集，而且表现得比新中国成立之初、"文化大革命"之后等历史时期更加纷繁复杂。农村土地征收、城市拆迁、企业改制、库区移民、环境污染、司法不公、劳动争议等引发的社会矛盾以一种"爆炸式"的数量通过上访渠道反映出来。

　　一些政策在制定和执行过程中不严谨，缺乏科学性论证常常引发一些社会矛盾。通常表现为，老政策不适应新情况，新政策带出老问题。譬如，出台一个照顾部分人群的新政策，如提高企业改制人员待遇、改善回城知青生活待遇、提高失地农民或库区移民补偿等，很可能引发另一部分群众的攀比。甚至有些时候，一个地方出台的政策还会引起另一个地方的连锁反应。比如，一个省提高越战退伍军人安抚待遇势必会引起其他省份相关人员的心理不平衡，从而引起"涉军"维稳事件。还有一些政策频繁变动、朝令夕改，超出社会承受度。比如，一些地方下令关闭小煤矿、统一清退民办教师等。在政策执行过程中，执法者的"选择性执法"对不同时期和地域的群众区别对待，也会引起社会不满情绪和滋生社会矛盾。对同一事项都有管理权的部门出台互相矛盾的政策、相互"顶牛"，在实践中也会导致群体性上访事件。

　　大量的上访案件也折射出一些地方基层治理缺位、司法公信力不足的问题。对于民众通过正常途径提出的合理诉求，常常是漠然视之、置之不理、互相推诿。民众"偏爱"以上访的方式反映诉求、寻求救济，这本身就体现了民众对司法与法治的不

📖 理论链接

　　当前群众通过信访渠道反映出来的信访突出问题，既有新动向，也有老难题，但都事关群众切身利益，事关社会和谐稳定。各地各部门要高度重视，强化责任担当，综合运用法律、政策、经济、行政等手段和教育、调解、疏导等办法，把群众合理合法的利益诉求解决好。

——习近平：《就信访工作作出的指示》（2016年4月）

信任。不可否认，个别司法人员法律专业知识不足、职业素养低劣，甚至搞一些徇私舞弊、吃拿卡要、"吃完原告吃被告"的司法腐败，也导致群众在寻求权利救济时"信访不信法"，对司法机关抱有一种不信任、不合作的态度，对司法判决结果不服从。许多老百姓已将上访看作优于行政救济和司法救济的最管用办法和解决问题的希望所在，而将本应作为公民权利救济最主要形式和社会正义最后防线的司法救济置于一旁。

随着我国社会主义民主与法治进程的不断深入，民众有越来越多的利益诉求和权利主张，但缺乏合适的表达渠道以及通畅、合法的救济途径。人大代表反映民意制度、基层自治制度、政协委员联系群众制度都存在一定程度的操作困难。这使得民众正常、有序的利益表达与请求救济途径受阻，必然导致众多非理性、非常态的公众参与，譬如非正常上访等现象出现。

（二）当前信访工作存在的主要问题与矛盾

长期以来，我国一直将信访定位为中央与人民群众直接联系的重要渠道，是各级党委和政府倾听人民群众意见、建议和要求，接受人民监督的重要途径。然而，在实践当中，处理上访问题也出现了超越法律底线的两种极端做法。一种是变相安抚，即常说的"天价息访"和"花钱买太平"，通过给付巨额赔偿金、安抚费，或给访民分地、安排工作等方式息事宁人；另一种是刚性压制，即采取暴力等强硬方式恐吓、威慑上访群众。第一种做法会促生百姓对于上访"红利"的预期；第二种做法会进一步激发百姓的反抗心理，诱发更多的社会矛盾和信访难题。当前，信访工作面临的问题与矛盾主要表现为以下四个方面。

1. 信访功能不断"放大"影响司法权威

由于上访的低成本和有可能带来的高收益，一些民众把上访看成了优于行政和司法救济的一种特殊救济形式，即"信访不信法"；甚至对于一些司法机关已经作出终审判决的案件，当事人也要藐视司法权威到党政机关上访，从而严重弱化司法权威和法治权威。

不可否认，"上访热"对我国法治建设带来了一定程度的负面影响。这主要表现为：上访体现了密切联系群众的路线方针，有助于反对官僚主义、官员贪腐，实现民众对政府的监督，但为此党政机关不堪重负；上访为党政权力介入司法提供了渠道，但从深层次造成了司法机关地位的边缘化。甚至可以这样说，上访者成功的概率越高，事实上对司法威信、法治权威的打击也就越大。

2. 高压型考核机制容易导致信访工作的异化

在严格的通报和考核机制之下，地方官员面临维稳工作"一票否决"的巨大压力。对发生较大规模群体性上访或进京上访、对社会稳定和正常工作秩序造成严重影响的，要直接追究党政主要领导的责任。这就使得地方信访工作的重点在很大程度上变成"维稳"而不是"维权"。出于信访维稳工作考核的压力，各地为减少当地信访总量，投入信访维稳的人力、物力和财力成倍增加，也容易滋生上访的"灰色利益链"。

3. 信访工作在解决实际问题方面先天不足

绝大多数信访案件的解决需要国土、住建、工商、公安等掌握实权的政府部门主动作为。在实践当中，这些信访案件常常是由缺乏解决问题能力和资源的"弱势部门"信访机构出面处理，而处理方式主要是通过转送、交办和督办，这就造成了信访机构对案件的立案和答复均不具备法律效力和事实上的权威性。就此，人们常常评价信访部门"责重权轻"，什么都能管、什么都在管，但实际上什么也管不了、什么也管不好。

实际上，信访机构也不具备处理实体性问题的权力。如果相关实权部门、"强势部门"不予配合、拖着不办，自己办的事不愿意改，或者别人办错的事改了怕得罪人，互相推诿、矛盾上交，甚至借此打击上访人，就势必会造成许多信访事项"终而难结"，最后导致问题堆积、矛盾激化。

4. 信访工作面临的三大矛盾

现实当中的诸多上访乱象，折射出信访工作面临的三大矛盾或三大困境。

第一，"敏感时期零进京"与保障公民的信访权利。信访是实现"民情上达"的一项重要的民主监督权利，也是实现公民权利救济的特殊形式。然而，面对"人要回去、事要解决""敏感时期零进京"的压力，一些地方就不惜代价、想方设法要将访民稳控在本地，或将访民接回原籍。这势必激化基层政府与民众之间的矛盾，从而大大增加地方治理的难度。

第二，"问题回到基层解决"与百姓"信上不信下"。在处理进京上访问题上，中央一直要求"谁家的孩子谁抱回去"和"问题回到基层解决"。然而，老百姓一直心存"信上不信下"的观念，认为中央的政策都是好的，只是到了地方"歪嘴和尚把经念歪了"。只要老百姓的这种心理没有改变，很多上访案件就不可能回到基层解决。

第三，"集中处理问题"与社会的常态化治理。为了化解信访难题，一些地方主要领导甚至是一把手"大接访""大排查"，集中处理大批信访案件。有些地方还提出"万人千案大下访"。这些做法虽然在短时期内集中时间和精力解决了一些信访难题，但这毕竟是一种非常态、运动式的解决问题的办法。信访工作呈现出"一刀切""一阵风"的运动式的特点。这些做法不仅可能增加化解社会矛盾的成本，还会助长民众的机会主义心理，甚至起到"唤醒一批民众"的反面效果。这就与社会的常态化、长效性治理，以及与信访工作规范化、法治化的目标背道而驰。

（三）推动当前信访工作法治化的对策与建议

解决当前信访工作的困局，让中国法治发展走出"上访怪圈"，不能在上访而言上访、就上访谈上访，而是必须将其置于整个国家的历史文化背景和中国法治化进程之中来思考和把握。

1. 理顺信访与司法诉讼、行政救济的关系，让信访回归其本来功能

绝大部分信访案件所反映的矛盾是人民内部矛盾。化解人民内部矛盾，要学会用法治思维和法治方式来对待和处理。我们必须在实现严格、规范、公正执法，以及司法机关公正、高效、权威办案的条件之下，减少民众对上访的盲目信任、期待和追随，将信访这个具有中国特色的社会治理工具的功能限制在合法、有限的范围内。解决问题的基本思路就是，让信访回归其原本的公民政治参与和民主监督这两项功能。

📑 **理论链接**

改革信访工作制度，实行网上受理信访制度，健全及时就地解决群众合理诉求机制。把涉法涉诉信访纳入法治轨道解决，建立涉法涉诉信访依法终结制度。
——《中共中央关于全面深化改革若干重大问题的决定》

在信访与司法关系的处理上，要明确信访只是解决社会矛盾的一种辅助、补充性质的渠道。大量的社会矛盾化解、权利救济只能依靠国家解决社会纠纷的正式机制——司法机关通过司法过程去解决。解决"上访热"问题的基本价值取向，就是要按照依法治国、依法行政的要求，确立司法作为社会纠纷最终解决机制的地位与权威，严守上访事项化解的法治底线，实现信访工作的法治化。

2. 建立科学的信访工作考核机制，推动各地把工作重点放在预防和真正解决问题上

改革现行通报考核制度，不以简单化的上访案件数量或上访人次来评价一个地方的社会治理成效，而是主要以案件最终结案率作为考核依据，才能减轻地方党政部门的维稳压力。党的十八大以来，中央要求改进和完善信访工作的考核方式，防止和纠正简单以信访数量来考核一个地方和部门的工作，防止和纠正脱离实际的过度考核，推动各地把工作重点放在预防和解决问题上。这表明，中央已着手开始改革信访工作考核机制，引领和督促地方政府严格依照法律法规和政策，一件一件地以事实为依据、以法律为准绳去办理具体信访个案。

3. 强化基层领导干部责任意识，提高基层治理能力

对于上访所反映出来的地方治理实践中的问题，当然地方政府最清楚和最了解。因此，信访案件的

▤ **理论链接**

变群众上访为领导主动下访，是我们党的优良传统和作风，是每个领导干部应尽的责任和义务。各级领导干部，都是人民的勤务员。我们的责任，就是向人民负责，为群众解难。……基层是群众信访的源头，又是解决信访反映问题的关键。……在信访工作中，基层干部应该把好第一道岗。
——习近平：《之江新语》

解决主要依靠的是地方。只有强化地方党政部门的责任意识，提高党政机关工作人员的法治素养和依法办事的自觉性，真正做到"有错必纠""纠必追责"，才能做到小事不出村、大事不出乡、矛盾不上交。只有让民众真正能够监督当地官员，才能改变其"只知有上而不知有民""只知有权而不知有法"的惯性思维，才能真正让绝大多数地方问题在地方得到化解，从而从根本上抑制上访的现实需要。

4. 拓宽民众参与公共决策的渠道，推进权力运行公开透明

如果各级党政部门在进行涉及大部分民众切身利益的公共决策的过程中，能够虚怀若谷、问策于民，通过政务的公开透明，充分发挥人大代表、政协委员联系群众和反映民意的职能，充分满足利益相关者的知情权、参与权、表达权和监督权，综合考虑相关政策的社会可承受程度，尽量保持政策的稳定性与连续性，注意相关政策之间的关联性与统一性，真正做到民主决策和科学决策，那么很多信访问题在萌芽阶段就会得到消解。

5. 全力推进法治社会建设，培育理性成熟的公民文化

上访行为的规范与治理，仰仗于公民法治文化培养以及由此推动的法治社会建设。只有民众对法律具有一种发自内心的信任感、认同感和归依感，并且普遍将法律作为个体行动指南和标准规则，自

⚖ **法律法规**

第三条 信访工作是党的群众工作的重要组成部分，是党和政府了解民情、集中民智、维护民利、凝聚民心的一项重要工作，是各级机关、单位及其领导干部、工作人员接受群众监督、改进工作作风的重要途径。

第三十一条 对信访人提出的申诉求决类事项，有权处理的机关、单位应当区分情况，分别按照下列方式办理：

（一）应当通过审判机关诉讼程序或者复议程序、检察机关刑事立案程序或者法律监督程序、公安机关法律程序处理的，涉法涉诉信访事项未依法终结的，按照法律法规规定的程序处理。

（二）应当通过仲裁解决的，导入相应程序处理。

（三）可以通过党员申诉、申请复审等解决的，导入相应程序处理。

（四）可以通过行政复议、行政裁决、行政确认、行政许可、行政处罚等行政程序解决的，导入相应程序处理。

（五）属于申请查处违法行为、履行保护人身权或者财产权等合法权益职责的，依法履行或者答复。

（六）不属于以上情形的，应当听取信访人陈述事实和理由，并调查核实，出具信访处理意见书。对重大、复杂、疑难的信访事项，可以举行听证。

——《信访工作条例》

觉遵守法律，他们才能够在权益受到侵害时诉求司法救济，并自觉认同司法权威、履行司法判决。一言以蔽之，如果公民没有养成尊重司法的习惯，内心没有对法治的尊崇与信仰，那么"信访不信法"的现象还将长期存在。

七、推进基层社会治理法治化

基层①处于整个国家权力运行的末梢，可以说是中国社会最基本的治理单元。基层之治，是整个国家治理的基石，统筹推进基层治理现代化，是实现国家治理现代化的基础工程。"春江水暖鸭先知。"基层治理，说到底就是整个国家治理的缩影，其好坏最容易影响民众的日常生活，最直接反映国家治理的面貌与状态。

（一）提高基层干部依法治理能力的重要意义

基层政权处在依法治国的第一线，基层的各种执法、司法活动，直接与老百姓的切身利益息息相关。严格执法、公正司法和全民守法，很大程度上取决于其在基层实现的状况。

大量的社会矛盾都酝酿和集聚在基层并需要通过基层政权进行有效处理和化解。基层群众的不满

---

① 基层，通常是指我国的乡镇（街道）和城乡社区。城乡基层治理，主要包括乡村治理、城市社区治理。

📖 **理论链接**

全面推进依法治国，基础在基层，工作重点在基层。发挥基层党组织在全面推进依法治国中的战斗堡垒作用，增强基层干部法治观念、法治为民的意识，提高依法办事能力。加强基层法治机构建设，强化基层法治队伍，建立重心下移、力量下沉的法治工作机制，改善基层基础设施和装备条件，推进法治干部下基层活动。
——《中共中央关于全面推进依法治国若干重大问题的决定》

依法治国的根基在基层。县委书记要做学法尊法守法用法的模范，做决策、开展工作多想一想法律的依据、法定的程序、违法的后果，自觉当依法治国的推动者、守护者。
——习近平：《在同中央党校县委书记研修班学员座谈时的讲话》（2015年1月12日）

与诉求，通常是指向基层治理当中农村土地征收、城镇房屋拆迁、环境污染等具体的经济、民生、环保等问题。绝大多数涉及群众具体利益的行政或司法行为也都是由基层政府部门或司法机关作出。可以说，基层治理已经被不可避免地融入整个国家治理的全局。基层的社会稳定已经被不可阻挠地嵌入国家稳定的大格局，成为全社会稳定的晴雨表。

基础不牢，地动山摇。为此，只有在基层这个源头上就地、及时化解社会矛盾，维护社会稳定，才能做到"小事不出村""大事不上交"；反之，如果这些社会矛盾在基层得不到妥善解决，就会"小事拖大，大事拖炸"，甚至发展蔓延成大面积的社会冲突和全国关注的群体性事件。

在化解社会矛盾的过程中，基层干部通常是直接与老百姓面对面对话，很多矛盾直接指向的就是基层党政机关及其工作人员。事实上，很多社会纠纷就是基层政权与民众发生的纠纷。而且，由于基层干部与群众在空间上的"亲密性"和近距离，老百姓对于基层干部的贪污腐败、徇私舞弊、以权谋私及生活腐化观察得更清楚。这种被称为"摆在马路上的腐败"，可以说是大家心知肚明、心如明镜的。基层干部更容易受到监督和指责，群众的不满情绪也更容易被传染和放大。因此，基层干部能否做到依法行政、依法治理，很大程度上决定着我国国家和社会治理的基本面貌与社会稳定的整体状况。

（二）基层治理的特点及其法治化的困难

当然，基层治理法治化也是我国法治建设中最复杂和最艰巨的环节。这是因为，"上面千条线，下面一根针"，几乎所有的法

理论链接

社区在全面推进依法治国中具有不可或缺的地位和作用，要通过群众喜闻乐见的形式宣传普及宪法法律，发挥市民公约、乡规民约等基层规范在社会治理中的作用，培育社区居民遵守法律、依法办事的意识和习惯，使大家都成为社会主义法治的忠实崇尚者、自觉遵守者、坚定捍卫者。
——习近平：《在福建调研时的讲话》（2014年11月1日）

加强社会治理制度建设，完善党委领导、政府负责、社会协同、公众参与、法治保障的社会治理体制，提高社会治理社会化、法治化、智能化、专业化水平。……推动社会治理重心向基层下移，发挥社会组织作用，实现政府治理和社会调节、居民自治良性互动。
——习近平：《决胜全面建成小康社会　夺取新时代中国特色社会主义伟大胜利——在中国共产党第十九次全国代表大会上的报告》（2017年10月18日）

律法规和政策都需要"基层"来执行和落实。但是，在中国这样一个超大型国家治理单元，各个地方和基层政权面临的社会治理的具体条件和需求又是千差万别的。统一的法律、政策与各个地方发展不平衡之间的矛盾和张力需要通过基层来化解。

首先，基层治理的困难在于，基层既需要维护国家治理的统一性和权威性，又要保证地方治理的积极性和有效性。现实当中，由于各种新的社会问题层出不穷、社会矛盾纷繁复杂，很多问题都存在法律法规规制的空白，因此基层还必须在法治统一的前提下加以能动性地解决。

其次，基层覆盖了我国绝大多数的人口。尽管我国的城市化进程快速推进，仍然有超过一半的人口生活在基层，处于基层干部的管辖之下。一般而言，基层治理的任务包括基层民主、经济生产、城乡建设、社会治安、民生保障、生态文明等各个方面，涉及社会生活的各个领域。显然，人口数量的超大规模与治理事务的超级繁杂，决定了基层治理的巨大压力和高度复杂。

最后，相较于城市来说，我国的很多乡村还远远没有进入城市化的"陌生人社会"，本质上还是一个从传统乡土社会延续下来的"熟人社会"。基层群众之间基于血缘、乡缘形成的人际关系相互依赖性高、关联度高，家族、亲戚、同乡、同学之间的人情和关系文化盛行。亲戚朋友、家族宗族常常会给执法者施加压力，各种执法和司法经常受到各种法外因素影响。这势必对基层治理的规范性、公正性产生重大冲击。

（三）基层治理法治化的任务与工作要点

党的十八届四中全会强调指出："全面推进依法治国，基础在基层，工作重点在基层。"当前，在加强社会治理体制建设的条件下，基层治理法治化的主要任务包括建立覆盖城乡的公共法律服务体系，完善正确处理人民内部矛盾的有效机制，发挥人民调解作为"第一道防线"的多元化纠纷解决机制的作用，构建自治、法治、德治"三治合一"的基层社会治理新格局等。

1. 建立覆盖城乡、便捷高效、均等普惠的公共法律服务体系，保证人民群众获得及时有效的法律帮助

为减小城乡居民在获得公共法律服务方面的差距，国家应建立覆盖城乡、便捷高效、均等普惠的公共法律服务体系，加强民生领域法律服务，增加对地方司法行政机关的资源投入，使其有能力在基层开展更加深入和惠民的法治宣传教育，增加贴近群众需求的法律服务项目。加强对欠发达地区专业法律服务人才和社会工作者、志愿者的政策扶持。建立覆盖城乡的公共法律服务体系，离不开扎根基层、熟悉基层群众心理的法律工作者。

📖 **理论链接**

夯实基层社会治理基础。加快推进市域社会治理现代化。推动社会治理和服务重心向基层下移，把更多资源下沉到基层，更好提供精准化、精细化服务。

——《中共中央关于坚持和完善中国特色社会主义制度 推进国家治理体系和治理能力现代化若干重大问题的决定》

推动社会治理重心向基层下移，向基层放权赋能，加强城乡社区治理和服务体系建设，减轻基层特别是村级组织负担，加强基层社会治理队伍建设，构建网格化管理、精细化服务、信息化支撑、开放共享的基层管理服务平台。

——《中共中央关于制定国民经济和社会发展第十四个五年规划和二〇三五年远景目标的建议》

为此，各个地方要充分运用本地人力资源建立一支稳定在基层的法律服务队伍。运用新媒体、新技术开展基层普法，推进"智慧普法"平台建设。还可以通过建立公益法律服务中心等形式，吸引民间自发的志愿者为群众提供公益性法律咨询或其他服务，有效满足人民群众日益增长的高品质、多元化法律服务需求。

2. 完善处理人民内部矛盾纠纷的有效机制

随着基层群众利益诉求的多元化、复杂化，社会矛盾纠纷呈现出多发、复杂等特点，及时、有效处理人民内部矛盾成为基层社会治理面临的重要问题。为此，应进一步完善多元化矛盾纠纷解决机制，充分发挥人民调解在基层矛盾纠纷治理中的第一道防线作用，完善人民调解、行政调解、司法调解联动工作体系。人民调解将法律法规、政策和社会公德相融合，通过说服教育、规劝疏导，促使纠纷当事人在有效沟通、互谅互让、平等协商的基础上，自愿达成调解协议、消除纷争。人民调解的灵活性、非对抗性特点，使其在基层的"熟人解纷"中能够有效达成和解，从源头上解决矛盾纠纷。

还应进一步完善信访工作机制，畅通和规范群众诉求表达、利益表达和权益保障通道，健全社会心理服务体系和危机干预机制，努力将矛盾化解在基层。

3. 构建自治、法治、德治"三治合一"的基层治理新格局

"三治合一"是实施乡村振兴战略的重要内容，也是构建我国新形势下基层治理体系的题中要义。2017年，党的十九大报告创造性提出"加强农村基层基础工作，健全自治、法治、德治相结合的乡村治理体系"。2019年，党的十九届四中全会要求健全党组织领导的自治、法治、德治相结合的城乡基层治理体系。2021年，

《中华人民共和国乡村振兴促进法》将建立健全自治、法治、德治相结合的乡村治理体系上升为一项法律要求。

在基层社会治理过程中，应坚持自治为本、法治为纲、德治为辅。法治与德治作为一种社会共识，必须以自治为基础。自治、德治又必须以法治作为边界和保障。在很大程度上，德治是一种"先发机制"，主要在矛盾尚未出现或萌芽的时候发挥事前预防作用。自治是一种"常态机制"，在任何基层社会治理中都发挥作用。法治是一种"保障机制"，即为社会治理提供权威性的底线准则，一旦违反将受到国家强制力惩罚。不受法治约束的自治、德治，将导致基层社会治理的无权威、无政府的混乱状态。

📖 延伸阅读

坚持和发展新时代"枫桥经验"

枫桥经验，是指20世纪60年代初，浙江省绍兴市诸暨县（现诸暨市）枫桥镇创造的"发动和依靠群众，坚持矛盾不上交，就地解决，实现捕人少，治安好"的社会综合治理方面的"经验"。1963年，毛泽东同志曾亲笔批示"要各地仿效，经过试点，推广去做"。由此，"枫桥经验"成为全国政法战线的一面旗帜。

进入新时代以来，"枫桥经验"得到不断发展，

📄 理论链接

健全自治、法治、德治相结合的乡村治理体系，是实现乡村善治的有效途径。要以党的领导统揽全局，创新村民自治的有效实现形式，推动社会治理和服务重心向基层下移。

——习近平：《走中国特色社会主义乡村振兴道路》（2017年12月28日）

全面提升社会治理法治化水平，依法维护社会秩序、解决社会问题、协调利益关系、推动社会事业发展，培育全社会办事依法、遇事找法、解决问题用法、化解矛盾靠法的法治环境，促进社会充满活力又和谐有序。

——《法治社会建设实施纲要（2020—2025年）》

完善社会治理体系，健全党组织领导的自治、法治、德治相结合的城乡基层治理体系，完善基层民主协商制度，实现政府治理同社会调节、居民自治良性互动，建设人人有责、人人尽责、人人享有的社会治理共同体。

——《中共中央关于制定国民经济和社会发展第十四个五年规划和二〇三五年远景目标的建议》

形成了具有鲜明时代特色的基层政权建设和基层社会治理的典范。习近平总书记就坚持和发展"枫桥经验"作出重要指示，强调各级党委和政府要善于运用法治思维和法治方式解决涉及群众切身利益的矛盾和问题，把"枫桥经验"坚持好、发展好。

新时代"枫桥经验"的主要内容是在基层社会治理过程中实行"五个坚持"，即坚持党建引领、人民主体、"三治融合"、"四防并举"、共建共享。其中，党建引领是政治灵魂，人民主体是核心价值，自治、法治、德治"三治融合"是主要路径，人防、物防、技防、心防"四防并举"是重要手段，共建共享是工作格局。

八、依法应对社会安全事件

随着我国改革进程的深入，一些社会矛盾急剧升温，社会安全事件频发、高发，给国家和社会治理带来巨大威胁，对各级领导干部的依法治理能力也不断提出挑战和考验。顾名思义，社会安全事件，就是指突然发生，造成或者可能造成严重社会危害，需要采取应急处置措施予以应对的突发性群体性事件（譬如"天门事件""瓮安事件""孟连事件""石首事件""乌坎事件"等）。

社会安全事件的处置是一项复杂而紧急的工作，需要进行全局的决策部署，迅速平息事态、化解问题、恢复秩序，确保人民的生命财产安全和社会的稳定和谐。社会安全事件的处置属于非常态应急管理的范畴。但是，非常态应急管理并不意味着"非法"管理，也不意味着"违法"管理。如何以法治思维与法治方式加以预防、应对和处置，应成为领导干部普遍关注的重大现实问题。

（一）以"法律之公正"面对"事件之公开"

之所以强调必须以法治思维来引领、以法治方式来应对突发性公共事件，首先是因为这些事件一旦发生，将迅速成为社会关注的焦点、议论的热点，各种媒体会不遗余力地滚动播报事件处置的最新进展。随着互联网、微博、微信等新兴媒体技术的普及运用，每个人都有可能成为自媒体和事件发酵的"始作俑者"，也就很容易形成全民关注、声势浩大的"网络群体性事件"，动辄出现百万点击率。

因此，现场指挥特别是作为第一责任人的主官，其一言一行、一举一动都会备受关注，而且几乎所有表态和行为都会向全社会公开，暴露在公众的眼皮底下。全社会无数双眼睛都对准了相关事件的处置和进展情况。这里面有目光犀利的记者、律师，也有内行资深的各种专业人士，还有血气方刚、情绪容易躁动的愤青。所以，临场指挥者一语不当、一着不慎，轻者可能导致事件处置陷于被动，重者则可能进一步激化矛盾、使事态失控，招致广泛的批评与指责。故此，能不能依法、科学、高效化解危机，应对社会各界的关注与质疑，是对领导干部的巨大挑战与考验。

此时，最稳妥、理性的办法就是以"法律之公正"面对"事件之公开"。只有以事实为依据、以法律为准绳，依法处置、秉公办事，才能积极、稳妥、有效地解决问题，才能直面社会各界的关注与评论，才能及时消除舆论疑点和打消人们的各种顾虑。而不能为了尽快平息事态，慌了手脚、冲破法律底线，否则，很容易受到非议指责，授人以柄，遭人诟病。即使快刀斩乱麻处理完眼下的事件，也有可能留下隐患。在突发性公共事件应对的过程

⚖️ **法律法规**

第五十条 社会安全事件发生后，组织处置工作的人民政府应当立即组织有关部门并由公安机关针对事件的性质和特点，依照有关法律、行政法规和国家其他有关规定，采取下列一项或者多项应急处置措施：

（一）强制隔离使用器械相互对抗或者以暴力行为参与冲突的当事人，妥善解决现场纠纷和争端，控制事态发展；

（二）对特定区域内的建筑物、交通工具、设备、设施以及燃料、燃气、电力、水的供应进行控制；

（三）封锁有关场所、道路，查验现场人员的身份证件，限制有关公共场所内的活动；

（四）加强对易受冲击的核心机关和单位的警卫，在国家机关、军事机关、国家通讯社、广播电台、电视台、外国驻华使领馆等单位附近设置临时警戒线；

（五）法律、行政法规和国务院规定的其他必要措施。

严重危害社会治安秩序的事件发生时，公安机关应当立即依法出动警力，根据现场情况依法采取相应的强制性措施，尽快使社会秩序恢复正常。

——《中华人民共和国突发事件应对法》

中，政府和领导干部常常处于舆论的弱势地位，这就要求我们学会用法治方式捍卫政府部门和工作人员的正当权益。只有依法办事，说话才能硬气，腰杆才挺得直。

为此，运用法治思维与法治方式处理突发性公共事件，坚持从法治角度出发，把每个事件当成一个法律问题来认识，首先要了解法律对此类事件在实体上和程序上作何种要求，然后再结合实际情况，在法律给予的裁量空间进行决策和判断，做到法律红线不能突破、法律底线不能逾越、法律禁区不能触碰。这样，问题的处理才能经得起法律的考验，经得起社会各界的关注与质疑，也经得起历史的考验。

（二）用法治方式处置社会安全事件

近些年来，多数突发性公共事件表现为群体性的社会安全事件。在处置这类事件的过程中，老百姓的合法、合理诉求和不合法、不合理诉求常常掺杂在一起。这时，需要准确认定事件的性质，迅速作出判断和回应，依法答复、对症下药。对于合理、合法的要求，应立即表态尽快解决；对于不合理尤其是不合法的诉求，绝不能信口开河、乱开"空头支票"、一味迁就。这一点尤其重要，因为对于当时的承诺，老百姓会要求及时兑现。假如一味糊弄搪塞、久拖不决，原有的矛盾冲突可能"扩大再生产"，进而引发新的社会不满与矛盾，大大增加治理难度。

简言之，符合法律、政策要求的，要及时表态；不符合法律、政策要求的，要说服劝导。否则，就会造成"大闹大解决、小闹小解决、不闹不解决""越闹越有理、越闹越有利"的错误导向，使得老百姓之间"闹"风盛行，问题的解决难上加难。

对于引发社会安全事件的各种违法行为，以及事件发生过程中出现的打砸抢等违法犯罪行为，要及时依法惩处、以正压邪，善于运用法治方式找准打击的突破口，既要迅速形成巨大的震慑之势，又要防止有人借此寻衅滋事。尤其是涉及犯罪团伙、黑恶势力的，必须迅速查明事件真相、专案侦查、扫黑除恶。一方面，对于参与打砸抢、聚众斗殴、群体械斗的骨干分子和挑头者，聚众冲击党政机关、毁坏国家财产、严重扰乱社会治安的不法分子，要依法追究法律责任；另一方面，对于盲从的旁观群众、参与打砸抢的青少年，应该采用教育、疏导、劝解和团结的方法，避免激化新的矛盾。

（三）以法治思维做好日常群众工作，最大限度防患于未然

我们看到，突发性公共事件一旦降临，各级政府都必须全力以赴、勇敢面对。没事不惹事，有事不怕事。在应对与处置各类突发性公共事件的过程中，基层政权的权威以及群众对干部的信任是成功化解突发事件的基础。如果没有这种权威和信任，平日就会积累很多不安定因素，任何风吹草动都会点燃民众的积怨，引起群体性事件。相反，如果一个地方的干部整体都廉洁奉公、作风正派，干群关系和谐，民风淳朴，那么，即使有群体性事件发生，也能很快平息。

我们看到，诱发群体性事件的因素很多，除了直接引发事件

📃 理论链接

干部特别是年轻干部要提高政治能力、调查研究能力、科学决策能力、改革攻坚能力、应急处突能力、群众工作能力、抓落实能力，勇于直面问题，想干事、能干事、干成事，不断解决问题、破解难题。

——习近平：《在中央党校（国家行政学院）中青年干部培训班开班式上的讲话》（2020年10月10日）

坚持专群结合、群防群治，提高社会治安立体化、法治化、专业化、智能化水平，形成问题联治、工作联动、平安联创的工作机制，提高预测预警预防各类风险能力，增强社会治安防控的整体性、协同性、精准性。

——《中共中央关于坚持和完善中国特色社会主义制度 推进国家治理体系和治理能力现代化若干重大问题的决定》

的偶然"导火索"，更主要的是社会治理过程中长期积累下来的深层次矛盾和利益冲突。一些地方只重视经济指标、忽视社会全面发展，对群众的生活困难重视不够、解决乏力，在经济发展过程中，借发展之名大搞劳民伤财的"形象工程"、沽名钓誉的"政绩工程"，或者公然站在开发商和大老板一边，与资本家的利益紧密捆绑在一起，借助国家公权力与民争利，致使政府公信力受到严重损害、民怨极大、干群关系高度紧张，使得一些能够用经济手段解决的问题最后却需要付出高昂的政治代价，能够以和平对话理性解决的事件最后却以非理性的激烈形式爆发。近年来，大量群体性事件都是因为干群关系紧张加之处置不当而骤然引发的。

为此，领导干部尤其是主政一方的主官，必须居安思危，坚持标本兼治，既要经济发展又要保障民生，以法治思维主导和统领各项工作，坚持科学、民主和依法决策，建立健全社会稳定风险评估机制，把握群众心理、社会心态的发展规律，完善社会治安防控工作机制，发挥基层法治工作者的作用，从源头上预防和减少群体性事件。

一些地方的基层政权组织缺乏新形势下的社会治理能力，基层社会治安防控工作薄弱，群众工作不扎实，村民自治组织甚至形同虚设。这是导致一些群体性事件"人不知鬼不觉"或"小事拖大，大事拖炸"的重要原因。在推进依法治理的进程中，普法宣传教育、基本法律公共服务、矛盾纠纷排查、社区矫正和安置帮教等大量工作，需要基层干部来落实。人民调解员、社区矫正工作人员等基层法治工作者生活在群众中间，人熟、地熟、情况熟，能够及时发现社会矛盾的苗头并善于运用情、理、法等多种手段加以化解，能以一种生动的形式讲解法律、运用法律解决实际问题，远比党政机关的讲解和说教更容易获得群众认同，因此应充分发挥他们的从源头防止矛盾激化、化解基层社会纠纷的作用。基层社会治安防控工作做好了，就能很大程度做到防患于未然；基层的平安工作做到位了，小问题出不了村，大问题出不了乡，就是帮政府解决了大问题，就是从源头上防治社会矛盾激化。

扬汤止沸，不如釜底抽薪。因此，以法治思维与法治方式应对和处置突发性公共事件，不仅需要临场的依法、科学、有效的处置，更需要日常下功夫，扎扎实实地依法用权、执政为民，防患于未然。在预防和处置突发性公共事件的问题上，领导干部要养成治于未危、转危为安、化危为机的态度与能力。用古人的话来说，就是"宜未雨而绸缪，毋临渴而掘井"。

以案说理 **2007年"瓮安事件"**

"瓮安事件"曾被称为中国群体性事件的"标本性事件"。事发之前，当地领导干部经商办企业的现象非常普遍，在矿产资源开发、水利开发、移民安置、房屋拆迁、国企改制、环境污染等方面侵犯群众利益的大量社会矛盾长期积累、沉淀、发酵。一些基层干部在处理矛盾纠纷过程中，作风粗暴、方法失当、工作不到位，随意动用警力，造成群众极大不满，导致干群关系严重对立，非正常上访不断发生。最终因一个女中学生的溺水非正常死亡而迅速引发群体性事件。对此，有人评价这是7年的积怨在7小时内全面爆发。

这是新中国成立以来罕见的打砸抢烧恶性事件。300多人直接参与打砸抢烧，2万多人现场围观，整个事件持续7个多小时。瓮安县委、县政府和县公安局、财政局、民政局被烧毁，200多名公安民警、武警、消防官兵被打伤，造成直接经济损失1600多万元，不仅严重影响当地的社会政治稳定，而且给我国国家形象带来较大负面影响。

以案说理 **2011年"乌坎事件"**

"乌坎事件"的发生是干群矛盾长期积累、沉淀、恶化的结果，显示了基层组织与老百姓的二元对立。乌坎村的薛昌书记把持乌坎大权41年，自任党支部书记以来，村里就基本没有开过组织生活会。村务、财务和村委会选举都不按照法律要求公开，而是暗箱操作。对此，村民极为不满，说"卡扎菲也才做了40年"。

在当地村民不知情的情况下，乌坎村3200亩土地陆续被村两委贩卖，卖地款项达7亿多元，而村民只拿到两次补助款，一次只有50元，另一次有500元。2011年7月，在得知村里最后一块地被卖给碧桂园房地产开发公司之后，村民愤怒到极点，三四千人自发组织起来围攻当地政府与派出所，引发骚乱，全国关注的"乌坎事件"由此点爆。9月之后，当地民众又多次爆发示威并且与警察发生激烈打斗。12月事件升级，当地村民甚至提出超越经济利益的诉求，打出"反对独裁""还我人权""开放全国选举"的横幅。

时任省委书记汪洋作出"必须直面和解决好这些矛盾和问题"的批示，迅速成立省工作组，表态要"民意为重、群众为先、以人为本、阳光透明、法律为上"。2012年1月，乌坎村召开党员大会，正式成立村党支部；3月，村民委员会重新选举，加强村基层政权建设，倾听和满足村民利益诉求。

"乌坎事件"的发生尽管有其偶然性，但也有必然性。这是一些地方在经济社会发展过程中，长期忽视经济社会发展中发生的社会矛盾积累的结果，是基层治理过程中"一手硬一手软"、忽视群众切身利益的必然结果，也是基层民主政权建设严重缺失的结果。就"乌坎事件"的应对与化解，《人民时评》指出："把握了群众利益的诉求点，也就把握了问题解决的关键点。"

九、依法科学有序开展疫情防控工作

突发性公共卫生事件，通常是指突然发生，造成或者可能造成社会公众健康严重损害的重大传染病疫情、群体性不明原因疾病、重大食物中毒以及其他严重影响公众健康的事件。譬如，非典疫情、高致病性禽流感疫情、新冠肺炎疫情等。这类公共卫生事件不可避免地会对公众健康和生命安全造成严重威胁，给经济发展和社会秩序带来巨大风险。

法治是现代社会风险治理的基本方式。预防、规避和消除社会风险是现代法治的重要功能之一。这就要求各级领导干部不断增强依法应对重大公共卫生风险的能力，做到依法防控、科学防控、有序防控。

⚖ **法律法规**

第三条　发生或者即将发生自然灾害、事故灾难、公共卫生事件或者社会安全事件等突发事件，行政机关采取应急措施或者临时措施，依照有关法律、行政法规的规定执行。
——《中华人民共和国行政强制法》

第三十八条　国家建立传染病疫情信息公布制度。
国务院卫生行政部门定期公布全国传染病疫情信息。省、自治区、直辖市人民政府卫生行政部门定期公布本行政区域的传染病疫情信息。
传染病暴发、流行时，国务院卫生行政部门负责向社会公布传染病疫情信息，并可以授权省、自治区、直辖市人民政府卫生行政部门向社会公布本行政区域的传染病疫情信息。
公布传染病疫情信息应当及时、准确。
——《中华人民共和国传染病防治法》

第二十五条　国家建立突发事件的信息发布制度。
国务院卫生行政主管部门负责向社会发布突发事件的信息。必要时，可以授权省、自治区、直辖市人民政府卫生行政主管部门向社会发布本行政区域内突发事件的信息。
信息公布应当及时、准确、全面。
——《突发公共卫生事件应急条例》

（一）反对疫情防控中的法治虚无主义

突发公共卫生事件具有不确定性、严重破坏性、社会影响难以控制、超越国界性等特点。为了防止其进一步扩大和蔓延，尽快稳定社会秩序、恢复经济生产、减少公民生命财产损失，行政机关要在有限时间内作出决策，采取大量应急处置措施。因此，行政权大幅度扩张、公民权利受到严格限制，很容易让人产生突发事件应对中法治无用、添乱或被边缘化的错觉。

习近平总书记专门就新冠肺炎疫情防控中的法治虚无主义现象进行批评，指出："这次疫情发生以来，各级党委和政府在党中央统一领导下，积极开展防控工作，取得初步成效，但也有一些地方和部门面对突如其来的疫情进退失措，出台的一些防控措施朝令夕改，一些地方甚至出现了严重妨碍疫情防控的违法犯罪行为，群众对此不满意。实践告诉我们，疫情防控越是到最吃劲的时候，越要坚持依法防控，在法治轨道上统筹推进各项防控工作，全面提高依法防控、依法治理能力"。①

（二）抗疫应急权力应遵循的法治原则

在疫情防控状态下，政府的应急权力是一把

---

① 习近平：《全面提高依法防控依法治理能力　健全国家公共卫生应急管理体系》，《求是》2020年第5期。

"双刃剑"。既需要充分运用应急权去减少和阻止疫情对人民生命安全的威胁，又要从制度上防止应急权滥用给经济和社会生活带来的不利影响。在此过程中，政府应急权的行使应遵循信息公开、比例原则、基本人权保障、救济与问责等法治原则。

1. 信息公开

信息公开即国家建立传染病疫情信息公布制度，通过向全社会及时、准确、全面公布疫情信息稳定社会秩序，增强政府公信力，并且利用社会舆论制约和督促行政机关采取有效防控措施。

2. 比例原则

比例原则即疫情防控措施的必要性、科学性原则，要求疫情防控过程中选择对公民合法权益损害最小的应急措施，实现疫情防控目标与手段的对称与均衡。

3. 基本人权保障

基本人权保障即要求政府对民众的救助措施要及时全面，疫情防控措施必须保证最低限度的人权，对于民众的人身权和财产权应作出应急补救、适当行政赔偿或补偿。

4. 救济与问责

救济与问责即对于政府部门及其工作人员在疫情防控中的决策和行为根据法律规定有权就有责、有责要担当、失责必追究。当然，也要防止过度问责、建立科学问责体系。

⚖ 法律法规

第十一条 有关人民政府及其部门采取的应对突发事件的措施，应当与突发事件可能造成的社会危害的性质、程度和范围相适应；有多种措施可供选择的，应当选择有利于最大程度地保护公民、法人和其他组织权益的措施。

第五十一条 发生突发事件，严重影响国民经济正常运行时，国务院或者国务院授权的有关主管部门可以采取保障、控制等必要的应急措施，保障人民群众的基本生活需要，最大限度地减轻突发事件的影响。
——《中华人民共和国突发事件应对法》

第六十五条 地方各级人民政府未依照本法的规定履行报告职责，或者隐瞒、谎报、缓报传染病疫情，或者在传染病暴发、流行时，未及时组织救治、采取控制措施的，由上级人民政府责令改正，通报批评；造成传染病传播、流行或者其他严重后果的，对负有责任的主管人员，依法给予行政处分；构成犯罪的，依法追究刑事责任。
——《中华人民共和国传染病防治法》

理论链接

坚持依法防控，要始终把人民群众生命安全和身体健康放在第一位，从立法、执法、司法、守法各环节发力，切实推进依法防控、科学防控、联防联控。要完善疫情防控相关立法，加强配套制度建设，完善处罚程序，强化公共安全保障，构建系统完备、科学规范、运行有效的疫情防控法律体系。
——习近平：《在中央全面依法治国委员会第三次会议上的讲话》（2020年2月5日）

全面加强和完善公共卫生领域相关法律法规建设，认真评估传染病防治法、野生动物保护法等法律法规的修改完善。引发这次疫情的病毒，包括此前的非典、高致病性禽流感等疫情的病毒，多数病原体来自野生动物或与之有关。生物安全问题已经成为全世界、全人类面临的重大生存和发展威胁之一，必须从保护人民健康、保障国家安全、维护国家长治久安的高度，把生物安全纳入国家安全体系。要全面研究全球生物安全环境、形势和面临的挑战、风险，深入分析我国生物安全的基本状况和基础条件，系统规划国家生物安全风险防控和治理体系建设，全面提高国家生物安

（三）从立法、执法、司法、守法各环节全面提高依法防控能力

全面提高依法防控能力，必须从立法、执法、司法、守法的各个环节共同发力，为疫情防控工作提供强有力的法治保障。首先，应以科学立法构建系统完备、运行有效的疫情防控法律体系。当前，我们要抓紧制定生物安全法，修改完善刑法、传染病防治法、野生动物保护法、动物防疫法、国境卫生检疫法、突发事件应对法、突发公共卫生事件应急条例等相关法律法规，为疫情防控提供权威完备、配套统一的法律依据。其次，以严格规范文明执法保证各项疫情防控措施落实到位。在疫情防控的特殊时期，加强卫生防疫、治安管理、市场监管、社会救助等工作，坚持依法履行职责、严格规范公正文明执法。在严格执行疫情防控和应急处置法律法规的同时，要强调严禁过度执法、粗暴执法。再次，以公正司法为疫情防控提供强大的司法保障，严厉惩罚妨害传染病防治、以防疫名义骗取财物和捐赠、编造故意传播虚假疫情信息、生产销售伪劣防疫产品等各类妨害疫情防控的违法犯罪行为。最后，还要以全民守法奠定全民抗疫的社会基础。这需要我们进一步加强疫情防控法治宣传，引导民众依法支持和配合疫情防控工作，加强疫情期间的矛盾纠纷化解，为困难群众提供有效法律援助。

十、提高对外斗争和涉外法治工作能力

当今世界正经历百年未有之大变局，全球治理体系发生深刻调整，制度竞争成为国家之间最本质的竞争。近年来，因一些国家无视国际贸易规则，国际法律秩序受到严重挑战。美国滥用法律霸权，不断扩展"长臂管辖"范围，涵盖民事侵权、金融投资、反垄断、出口管制、网络安全等众多领域，并在国际事务中动辄要求其他国家企业或个人必须服从美国国内法，否则就要动辄制裁。

面对国际局势的复杂变化，以习近平同志为核心的党中央立足国内、放眼世界，明确要求把国内发展与对外开放统一起来，把中国发展与世界发展联系起来，坚持统筹推进国内法治和涉外法治，以更加积极的姿态参与国际事务，共同应对全球性挑战，努力为全球发展作出贡献。涉外法治是国家以法治的方式参与国际事务和全球治理的重要实践，是中国日益走近世界舞台中央的必然要求。统筹推进国内法治和涉外法治，加快涉外法治工作战略布局，协调推进国内治理和国际治理，不断提高对外斗争和涉外法治工作能力，是当前更好维护国家主权、安全、发展利益，逐步提升中国法治话语权和影响力的紧迫要求。

（一）加快涉外法治工作战略布局

提高涉外法治工作能力要从以下方面着手布局。

理论链接

全治理能力。尽快推动出台生物安全法，加快构建国家生物安全法律法规体系、制度保障体系。

——习近平：《在中央全面深化改革委员会第十二次会议上的讲话》（2020年2月14日）

法治是国家核心竞争力的重要内容。当前，世界百年未有之大变局加速演变，和平与发展仍然是时代主题，但国际环境不稳定性不确定性明显上升，新冠肺炎疫情大流行影响广泛深远。我国不断发展壮大，日益走近世界舞台中央。要加快涉外法治工作战略布局，协调推进国内治理和国际治理，更好维护国家主权、安全、发展利益。要加快形成系统完备的涉外法律法规体系，提升涉外执法司法效能。要注重培育一批国际一流的仲裁机构、律师事务所，把涉外法治保障和服务工作做得更有成效。

——习近平：《在中央全面依法治国工作会议上的讲话》（2020年11月16日）

第一，加快推进涉外领域立法，围绕反制裁、反干涉、反制"长臂管辖"等，充实应对挑战、防范风险的法律"工具箱"，形成系统完备的涉外法律法规体系。近年来，商务部颁布了《阻断外国法律与措施不当域外适用办法》《不可靠实体清单规定》。同时，全国人大常委会制定《中华人民共和国国家安全法》《中华人民共和国反间谍法》《中华人民共和国网络安全法》《中华人民共和国出口管制法》《中华人民共和国反外国制裁法》等。这些法律文件初步建立起我国通过国内法反制境外经济制裁、维护国家安全和海外利益的法律制度体系。

第二，加强执法司法领域国际合作，提升涉外执法司法效能。围绕对外开放战略和"一带一路"倡议，推进执法司法领域国际合作，建立国际商事争端法律机制。2018年，最高人民法院在深圳和西安相继设立两个国际商事法庭，旨在构建调解、仲裁、诉讼"三位一体"的国际商事争端解决机制。经过数十年的努力，中国已与70多个国家签署了140多项刑事及民事司法协助条约、引渡条约、合作协定，加入了包括《联合国打击跨国有组织犯罪公约》《联合国反腐败公约》在内的近30项含有司法协助、引渡等内容的国际公约。

第三，加强涉外法治人才培养，完善涉外法律服务体系。党的十八大以来，我国涉外法律服务业发展较快，涉外法律服务队伍不断壮大，涉外服务领域日益拓展，服务质量逐步提升，为维护我国公民和法人在海外的正当权益、促进对外开放发挥了重要作用。但仍然面临一些问题和挑战，譬如涉外法律服务业的工作制度和机制还不完善，涉外法律服务业的国际竞争力还不强，高素质涉外法律服务人才比较匮乏等。发展涉外法律服务业，要进一步建设涉外法律服务机构，发展壮大涉外法律服务队伍，健全涉外法律服务方式，提高涉外法律服务质量，稳步推进法律服务业开放，更好维护我国公民、法人在海外，以及外国公民、法人在我国的正当权益。

第四，推动构建公正合理的国际规则体系，推进国际关系法治化。一方面，要着眼于维护国际法律秩序，反对干涉别国内政，维护以联合国宪章宗旨和原则为核心的国际秩序与国际体系；另一方面，要积极参与国际规则制定，推动各国共同捍卫多边主义，反对霸权主义和强权政治，要对不公正不合理、不符合国际格局演变大势的国际规则和国际机制提出改革方案，共同建设相互尊重、公平正义、合作共赢的新型国际关系，推动构建人类命运共同体。

（二）善于运用法治手段开展对外斗争

中国在走向世界的进程中，不管是应对各种纷繁复杂的对外斗争，还是维护国家安全和合法权益，都必须把法治应对摆在更加突出的位置，学会运用法治手段。习近平总书记指出："在对外斗争中，我们要拿起法律武器，占领法治制高点，敢于向破坏者、搅局者说不。"①

在对外斗争中，首先，要树立用法治手段斗争

---

① 习近平：《加强党对全面依法治国的领导》，《求是》2019年第4期。

📖 **理论链接**

联合国宪章宗旨和原则是处理国际关系的根本遵循，也是国际秩序稳定的重要基石，必须毫不动摇加以维护。各国关系和利益只能以制度和规则加以协调，不能谁的拳头大就听谁的。大国更应该带头做国际法治的倡导者和维护者，遵信守诺，不搞例外主义，不搞双重标准，也不能歪曲国际法，以法治之名侵害他国正当权益、破坏国际和平稳定。

——习近平：《在联合国成立75周年纪念峰会上的讲话》（2020年9月21日）

有的西方国家以国内法名义对我国公民、法人实施所谓的"长臂管辖"，在国际规则上是站不住脚的，但他们执意这样做，我们必须综合运用政治、经济、外交、法治等多种手段加以应对。要把法治应对摆在更加突出的位置，用规则说话、靠规则行事，维护我国政治安全、经济安全，维护我国企业和公民合法权益。

——习近平：《为做好党和国家各项工作营造良好法治环境》（2019年2月25日）

的观念和意识，善于将法治思维和法治方式运用到外交活动之中，依据法律规则和程序处理外交事务，依法化解外交纠纷。其次，增强综合运用立法、执法、司法等方式有效应对和防范风险的能力。针对西方国家打着"法治"幌子的霸权行径，我们必须综合运用政治、经济、外交、法治等多种手段加以应对。把法治应对摆在更加突出位置，用规则说话，靠规则行事。加强反制理论实践研究，以法律形式明确我国不接受任何"长臂管辖"。最后，将一批通晓国际法律规则、有着丰富涉外工作经验、善于处理涉外法律事务的涉外法治人才充实到领导干部队伍当中来，积极推荐更多的优秀涉外法律人才到国际经济贸易组织、国际仲裁机构任职，主动参与国际规则制定，提高我国在全球治理体系变革中的影响力和话语权。

📖 延伸阅读

弗雷德里克·皮耶鲁齐：《美国陷阱：如何通过非经济手段瓦解他国商业巨头》

这本书是以作者的亲身经历揭露美国政府打击美国企业竞争对手的内幕，对于我们思考和认识美国运用"长臂管辖"等法律手段对中国企业进行打压与制裁的险恶用心有着深刻的启示意义。

在该书中，法国阿尔斯通公司前高管皮耶鲁齐以身陷囹圄的亲身经历披露了阿尔斯通被美国企业"强制"收购，以及美国利用《反海外腐败法》打击企业竞争对手的内幕，揭露了美国的公权力和国家暴力如何直接和间接地打压其他国家的核心命脉公司、为美国企业在全世界的扩张与竞争开路的真相。书中指出，"这是一场关系到我们所有人的战争，一场比军事战争更加复杂、比工业战争更加阴险的战争，一场不为公众所知的战争：这是一场法律战争"。

人类社会的治理实践深刻地提示着我们，国家和社会治理的关键在于官员有对规则的敬畏和良好的德行。如果一个国家的官员执法严明、公正廉洁、诚实可靠、洁身自好，桃李不言、下自成蹊，那么，"民以吏为师""官唱民随"，老百姓自然见贤思齐、纷纷效仿，社会氛围自然变得风清气正、清新和谐。相反，如果一个国家的官员道德败坏、行为不端、徇私舞弊、贪赃枉法，那么问题最严重的还不只是他们自己犯法作恶，而在于他们的行为举止会带坏百姓，污染整个社会风气。"官德正，则民风淳；官德毁，则民风降""吏不善，政虽善不行""政者，正也。子帅以正，孰敢不正""廉则吏不敢慢，公则民不敢欺；公生明，廉生威"等古训所表达的都是同一个道理。

由上观之，处于国家管理者地位的官员怎么样，国家便会怎么样。那些担任国家公职且拥有广泛影响力的主官，不仅拥有引领民众尊崇法治、信仰法治的正能量，也实际拥有腐蚀和改变社会风气的负能量。甚至在某些时候，这种负能量的作用会表现得更直接、更醒目。西方有位哲人说过："国王如果在百姓的园中摘一只苹果，大臣就会砍一棵果树。"中国也有俗语："上行下效""上梁不正下梁歪""村看村，户看户，群众看干部"等。它们所要表达的意思都是，"官德"决定"民风"，上级领导是下级官员行为的表率。上梁正了下梁才能正，上梁不正下梁就会歪，而且可能比上梁歪得更厉害。

领导干部是推进依法治理、实现国家治理法治化的中坚力量。在百姓看来，领导干部是"居庙堂之高"的政治精英。作为国家与社会的领导者和管理者，领导干部"重权在握"，是依法治国的重要组织者、推动者和实践者，掌握着实实在在的"行动的力量"。作为社会瞩目的公众人物，领导干部有着广泛的社会影响力和道德感召力，备受舆论关注和民众期待。

邓小平同志强调："党是整个社会的表率，党的各级领导同志又是全党的表率。"① 只有领导干部风清气正了，才能正本清源、凝聚人心，以其身体力行去主动感化、积极塑造社会成员的法治思维和道德风尚。良法善治、依法行政、职权法定、公正司法、尊重人权、正当程序等基本的法治思维和行为方式，不能仅仅虚化为几句空洞的口号，或是几个抽象的概念，而是必须首先在领导干部的以身示范、躬行践履、善行义举中得到体现，并以其榜样的作用潜移默化地带动社会的方方面面、各个层次的社会成员参与其中，积极践行。

---

① 《邓小平文选》第2卷，人民出版社1994年版，第177页。

📖 理论链接

上者，民之表也。表正，则何物不正。为政以德，譬如北辰，居其所，而众星共之。

其人存则其政举，其人亡则其政息。

——孔子

官员是其他社会成员行为的一面镜子。

——[古罗马]西塞罗

古人说，民"以吏为师"。领导干部尊不尊法、学不学法、守不守法、用不用法，人民群众看在眼里、记在心上，并且会在自己的行动中效法。领导干部尊法学法守法用法，老百姓就会去尊法学法守法用法。领导干部装腔作势、装模作样，当面是人、背后是鬼，老百姓就不可能信你那一套，正所谓"其身正，不令而行；其身不正，虽令不从"。

我在党的十八届四中全会上讲过，各级领导干部在推进依法治国方面肩负着重要责任，全面依法治国，必须抓住领导干部这个"关键少数"。这也就是我们党一直强调的，政治路线确定之后，干部就是决定因素。

——习近平：《在省部级主要领导干部学习贯彻党的十八届四中全会精神全面推进依法治国专题研讨班上的讲话》（2015年2月2日）

⚖ 法律法规

第四条 党政主要负责人作为推进法治建设第一责任人，应当切实履行依法治国重要组织者、推动者和实践者的职责，贯彻落实党中央关于法治建设的重大决策部署，统筹推进科学立法、严格执法、公正司法、全民守法，自觉运用法治思维和法治方式深化改革、推动发展、化解矛盾、维护稳定，对法治建设重要工作亲自部署、重大问题亲自过问、重点环节亲自协调、重要任务亲自督办，把本地区各项工作纳入法治化轨道。
——《党政主要负责人履行推进法治建设第一责任人职责规定》

一、领导干部对法治的认知及依法治理能力的现状

随着法治建设在党和国家事业中的地位越来越重要，领导干部的法治思维与依法治理能力得到了普遍提升。然而，现实当中，还有一些领导干部依法治理的观念不强、能力不足，知法犯法、以言代法、以权压法、徇私枉法的现象依然存在。领导干部对法治的认知还在不同程度上存在偏差，需要我们进行澄清。

（一）法治理想主义

所谓法治理想主义，也被称为"法治浪漫主义"或"法治万能主义"，指的是忽视法治自身的局限性，把法治当作放之四海而皆准的灵丹妙药，认为通过法治方式就可以解决经济社会发展进程中的所有问题。

这种脱离我国经济社会发展实际、想当然的认知，忽视了我国法治建设的长期性、阶段性和艰巨性，企图毕其功于一役，表现为法治建设进程中的一种急功近利的情绪，容易诱发国家和社会治理的法治"幼稚病"和"急躁病"。

（二）法治虚无主义

现实当中，更为普遍的是对法治持一种"虚无主义"态度，即对依法治国抽象承认，但在具体行

动中把人情、关系、上级领导和政绩置于法律之上。一些领导干部对法治的态度是"原则上认同,工作上排斥,生活上漠视"。更有甚者,一些领导干部不屑学法、心中无法,有的以言代法、以权压法,有的执法不严、粗暴执法,有的干预司法、徇私枉法,有的利欲熏心、贪赃枉法,不仅难以发挥尊法学法守法用法的楷模、榜样作用,而且严重影响了我们党的声誉。

现实当中,一些领导干部认为当官摆架子、讲排场是理所当然,将突破法律规则、搞"法外开恩"视为家常便饭。说白了,普通百姓不敢做的,他却敢做,并且不以为耻、反以为荣;普通百姓做了要受到法律的严厉惩罚,他做了却没事。他们把自己当作高人一等、可以凌驾于社会公共行为准则之上的特殊公民和"人上人",把享受"法外特权"当作特殊身份、高贵地位和权势的象征。

我们看到,正是一些领导干部利用手中的权力搞特殊、谋私利,多吃多占、欺上瞒下、贪赃枉法、巨额腐败,直接污染了社会风气,毁损了社会公平正义与诚信的基石,侵蚀了普通公民自觉守法的底线。也正是一些领导干部认为自己的私利"重若泰山",而将群众的利益"视作鸿毛",才有了基层社会"官"与"民"之间的巨大隔阂与误解,才酝酿了社会成员对政府的不满和强烈的"仇官"心理。一言以蔽之,如果领导干部缺乏基本法治思维、依法办事能力严重不足,在全社会范围内必然难以做到严格执法、公正司法,尊法守法会遭到讽刺和嘲笑,公平正义将难以寻觅。

(三)法治工具主义

这主要表现为,在工作过程中,把法律当成工具,从自身利益出发,合意的就执行,不合意的就打折扣、搞变通。特别在乡

理论链接

在现实生活中，不少领导干部法治意识比较淡薄，有法不依、违法不究、知法犯法等还比较普遍，特别是少数领导干部不尊崇宪法、不敬畏法律、不信仰法治，崇拜权力、崇拜金钱、崇拜关系，大搞权权勾结、权钱交易、权色交易，一些地方和单位被搞得乌烟瘴气，政治生态受到严重破坏。这些问题，影响了党和国家的形象和威信，损害了政治、经济、文化、社会、生态文明领域的正常秩序，干扰了党和国家制度体系运行，冲击了人民群众对法治的信心，给全面推进依法治国造成了很多问题，甚至是很严重的问题。

——习近平：《在省部级主要领导干部学习贯彻党的十八届四中全会精神全面推进依法治国专题研讨班上的讲话》（2015年2月2日）

镇一级，法治工作普遍存在"说起来重要，做起来次要，忙起来不要"的现象。尤其在基层社会治理的过程中，还普遍存在对于国家法律法规不能用、不会用、不敢用或者根本不想用的现象。

不可否认，在一些领导干部眼里，"国法"就是"官法""王法"。法律只不过是治理、管束百姓的工具，而自己"大权在握""真理在手"，享有凌驾于法律之上的"刑不上大夫"的特权也是理所当然。还有人认为"依法行政就无法行政"，"依法办事就无法办事"，把"依法"与"办事"对立起来，把维稳、改革、发展都与法治对立起来。强调"维权就不能维稳，维稳就不能维权"，"改革要上路、法律要让路"，"发展是硬道理，硬道理就不讲道理"。有的领导干部在谈到做好法治工作时感叹道："不懂法不行，太懂法也不行。"

领导干部在提升依法治理能力的过程中，要克服法治理想主义、法治虚无主义和法治工具主义的认知偏差，对于法治思维与法治方式的实践发展保持一种审慎的乐观。依法治理是未来中国国家治理的方向，是我们追求的法治理想。而依"人"而治、依"命令"而治、依"人情、面子"而治等长期以来形成的治理思维定势则是现实中国写照，是我们要面对的现实。领导干部养成法治思维、提高依法治理能力，必然是一个普及法律知识、完善法治工作机制、倡导法治文化的长期积累的过程，不可能立竿见影、一蹴而就。

二、影响和制约领导干部依法治理能力的诸多因素

当前，影响领导干部法治思维与依法治理能力的因素是极其复杂和深刻的。细究起来，既有中国传统文化的因素，也有现实工作机制等方面的原因；既有领导干部主观认识的问题，也有经济社会发展的客观条件的限制。现将主要原因归结为以下几个方面。

（一）传统人治思维、官本位思维、特权思维的深刻影响

传统宗法社会的人治思维、官本位思维、特权思维的影响根深蒂固，短时期之内难以消除。正如邓小平同志所说，"旧中国留给我们的，封建专制传统比较多，民主法制传统很少"[①]。当前，少数领导干部的工作理念与工作方式还远远跟不上全面依法治国的步伐与要求，依旧迷恋"权力万能""一人拍板"，依旧强调"以官为本""以官为尊""以官为大"，长官意识严重、目中无法、以权压法，根本没有树立正确的权力观，没有认识清楚手中的权力来源于人民赋予，不可以随心所欲、为所欲为。

（二）法治领域还存在诸多"短板"，不敷治理之需

就我国依法治国的现状具体而言，科学立法、严格执法、公正司法、全民守法等方面还存在很多"短板"和"破窗"，法治建设还不能满足国家和社会治理的诸多客观现实需要。整体而言，法治的常态、保守、固化属性与当前我国所处的追赶型现代化时代背景存在明显的紧张关系。法治的统一性、原则性与我国超大型国家空间以及各个地方治理的差异性、灵活性之间的矛盾凸显。

---

① 《邓小平文选》第2卷，人民出版社1994年版，第332页。

法治的常规性、稳定性也难以满足我国面临的各种突发性公共事件引发的应急状态社会治理的需求。

在立法领域，不仅存在大量法律法规的规制空白，而且现有法律法规当中还有诸多未能反映国家和社会治理客观规律，未能反映人民真实意愿，未能进入全面实施和操作环节。在行政执法领域，有法不依、执法不严、违法不究现象比较严重，选择性执法、暴力执法、营利性执法现象大量存在，执法不规范、不严格、不透明、不文明的现象突出。在司法领域，群众对司法不公、徇私枉法、司法腐败问题反映强烈，司法权威与社会公信力较为缺失。在社会成员守法领域，法治在全社会的尊严与权威还没有树立起来，部分社会成员法治观念淡薄、依法维权意识不强，社会治理的成本巨大。人们思想观念的转变将是一个长期的历史过程，法治社会建设的任务极其艰巨。

（三）干部政绩评价导向与"压力型"治理模式

长期以来，干部政绩考核导向以及自上而下的"压力型""运动式"治理模式，对领导干部的工作理念与社会治理方式也产生直接而深刻的影响。在经济指标、社会稳定等"硬指标"考核压力之下，一些领导干部不能坚持法治思维，做不到依法办事与其他工作的统筹兼顾，一味强调运用行政手段解决纠纷。这不仅影响了行政机关正常职能的发挥，而且常常损害法治的权威和尊严。一些地方为了政绩好看，任意突破法律规定、劳民伤财，大搞形象工程、烂尾工程。一些地方采取"花钱买平安"的办法息事宁人、制造社会稳定的假象。这些都使得社会治理在一定程度上背离了依法治理的初衷。

（四）缺乏科学、有效的依法治理能力考核机制

需要指出，实践当中还有一个影响和制约领导干部依法治理能力提升的重要因素，就是我们缺乏一个科学、系统、全面的领导干部依法治理能力考核指标体系。相对于GDP、财政收入、大型项目等经济建设的"硬指标"而言，法治建设的各项内容只是评价领导干部政绩的"软指标"。因此，为了完成各项"硬"任务，依法治理的"软"任务就经常置于其次，甚至置于脑后。

三、依法治理能力提升的路径与要点

对于领导干部来说，依法治理能力的养成不可能一蹴而就，善于运用法治思维与法治方式也并非一日之功。要提高依法治理能力，第一，要树立对法治的敬畏和尊崇，通过认真学习掌握必备的法律知识，了解本职工作所涉及的权限范围和法律程序，牢记为官做事的法律红线和法律禁区；第二，推行重大决策合法性审查与责任追究制度，严格追究领导干部违法决策、违法用权的法律责任；第三，强调维护司法权威，善于运用司法方式和手段化解矛盾、推动工作；第四，将法治建设成效纳入领导干部政绩考核指标体系；第五，以从严治党促进带头守法、以严肃党纪促进尊重法治，使广大领导干部

📋 **理论链接**

全面推进依法治国是一个系统工程，是国家治理领域一场广泛而深刻的革命，需要付出长期艰苦努力。

——《中共中央关于全面推进依法治国若干重大问题的决定》

当前，一些领导干部还不善于运用法治思维和法治方式推进工作，领导干部心中无法、以言代法、以权压法是法治建设的大敌。

——习近平：《推进全面依法治国，发挥法治在国家治理体系和治理能力现代化中的积极作用》（2020年2月5日）

成为社会主义法治的忠实崇尚者、自觉遵守者和坚定捍卫者。

（一）领导干部要尊法学法守法用法

1. 尊法是守法用法的前提

法律权威必须被尊重，否则就会形同虚设。只有先尊崇法律，始终对宪法和法律保持一颗敬畏之心，才有持续不断的动力去认真学习法律、遵守法律和运用法律。我们注意到，此前中央领导同志在讲话和中央文件中，经常采用"学法尊法守法用法"的表述方式。但是，习近平总书记强调要把"尊法"提到最前面，其中意味值得深究。在强调领导干部要做尊法学法守法用法的模范的时候，首先是要求领导干部做尊法的模范，带头尊崇法治、敬畏法律。

领导干部要做尊法的模范，必须摒弃"权大于法""官大于法""以权压法""以情扰法"的封建人治观念。要在头脑中牢记法律红线不可逾越、法律底线不可触碰、法律禁区不可僭越。应该明确的是，在社会主义法治国家，没有凌驾于社会公共行为准则之上的特殊公民。党纪国法不能成为任人扭曲的"橡皮泥"，也不能成为任人摆布的"稻草人"。任何人违纪违法都要受到党纪国法的追究。只有树立宪法和法律至上、法律面前人人平等、权由法定、权利保障等基本的法治思维，才能知晓为官做事的尺度，审慎用权，在尊法守法的基础上推动各项工作。

理论链接

高级干部做尊法学法守法用法的模范，是实现全面推进依法治国目标和任务的关键所在。之前，我们通常提的是学法尊法守法用法，在准备这次讲话时，我反复考虑，觉得应该把尊法放在第一位，因为领导干部增强法治意识、提高法治素养，首先要解决好尊法问题。只有内心尊崇法治，才能行为遵守法律。只有铭刻在人们心中的法治，才是真正牢不可破的法治。

——习近平：《在省部级主要领导干部学习贯彻党的十八届四中全会精神全面推进依法治国专题研讨班上的讲话》（2015年2月2日）

2. 学法是守法用法的基础

学法是守法用法的基础和前置环节。这是因为，如果不知道法律的存在，或者不知道法律确定的权利义务，那么就谈不上守法，更谈不上运用法治方式保护自己的权利和履行自己的义务。对于领导干部而言，如果不知道法律规定的具体内容，也就谈不上运用法治思维和法治方式去化解社会治理的各种难题。简言之，没有法律的一般性知识，就不可能有正确的法治思维，也就产生不了有效的依法治理方式。显然，学法是提升依法治理能力的一个不可或缺的环节。

法律知识是比较系统而专门的知识，不经过认真学习是不可能获得的。2015年2月2日，习近平总书记在省部级主要领导干部专题研讨班开班式上的讲话中特别强调了领导干部的学法问题。他要求领导干部做学法的模范。领导干部学法的直接目的就在于树立法治意识，根本目的在于适应法治要求与推动法治发展，履行应有职责。学习法律是前提，树立法治意识是目标。只有具有了法治意识，法治思维、法治方式才可能受到重视。只有在法治意识之下，领导干部才可能做到带头遵守法律，带头依法办事。

2018年十三届全国人大一次会议上，习近平总书记又专门指出，法治是各级领导干部知识体系中的基础内容。仅有简单的直觉产生不了法治意识，更不可能具有科学性质的法治理念。学习法律知识

📄 **理论链接**

学法懂法是守法用法的前提。在那些违法乱纪、胡作非为的领导干部中，相当多的人是长期不学法、不懂法。许多腐败分子在其忏悔录中都谈到，不知法是自己走向腐败深渊的一个重要原因。各级领导干部或多或少都学过一些法律知识，但同全面推进依法治国的要求相比，还很不够，必须加强学习，打牢依法办事的理论基础和知识基础。要系统学习中国特色社会主义法治理论，准确把握我们党处理法治问题的基本立场。

——习近平：《在省部级主要领导干部学习贯彻党的十八届四中全会精神全面推进依法治国专题研讨班上的讲话》（2015年2月2日）

是具有法治意识的必要前提，应该成为领导干部的一种自觉要求。领导干部应通过认真学习法律知识，树立和培育基本的法治理念，并用法治理念思考问题、分析问题，用法治思维解决问题，维护社会主义法治的权威性和公信力。

（1）把学法作为履职从政的必修课

我们看到，在法治已经确定为党治国理政基本方式的今天，一些领导干部仍然不学法、不懂法，甚至是不屑学法，有的连基本法律常识都不知道。这直接导致一些领导干部心中无法、以言代法、以权压法，甚至滑向徇私枉法、贪赃枉法的犯罪深渊。中组部干部监督局在分析违法犯罪的多名原领导干部反省材料后发现，80%以上的人认为自己犯罪与不懂法有关。为此，党的十八届四中全会提出坚持把领导干部带头学法、模范守法作为树立法治意识的关键，要完善国家工作人员学法用法制度，把宪法法律列入党委（党组）中心组学习内容，列为党校、行政学院、干部学院、社会主义学院必修课。

除参加有组织的学习和培训外，还要带头成为学法的模范，领导干部必须养成经常"充电"、常规化学习法律知识的习惯，把学法作为履职从政的必修课，把学法作为学习知识的新常态，真正做到先学一步、先学再干。只有掌握了基本的法律知识，才能在脑子里绷紧法律底线这根弦，才能把宏观抽象的依法治国转变为具体的法治思维和行为方式，才能真正做到行动上的自觉。

（2）领导干部要学哪些法

第一，宪法是要认真学习的。宪法是整个国家的"母法"和根本大法，是法之统帅。在一个国家的法律大家庭中，宪法具有最高的法律地位、法律效力和法律权威。如果宪法权威缺失或遭受严重冲击、宪法规定无法兑现，必然会直接影响到整个法律体系的权威与推行。宪法的价值首先在于"限权"，即把公权力关进国家根本大法所铸就的制度之笼，借此来保证各项权力在法治的轨道上运行。宪法的另一重大价值在于"保民"，即以国家根本大法形式规定公民的基本权利和义务，为人民民主权利提供最高法律形式的保障。

第二，领导干部要学习和掌握同自己所担负的领导工作和行政管理职责密切相关的法律法规。譬如，在权由法定、权依法使的法治思维要求之下，必须明确自己的权力边界、责任界限和义务要求。应当认真学习关于自己履职的权力清单、责任清单、义务清单等方面的法律制度，譬如公务员法、行政监察法、行政处罚法、刑法等，从而弄明白法律规定我们怎么用权，什么事能干、什么事不能干，才能在此基础上心中高悬法律的明镜，手中紧握法律的戒尺，知晓为官做事的尺度，为依法决策、依法用权、依法管理奠定基础。

具体言之，在基层社会治理过程中，农村土地征收和城市房屋拆迁是很多地方面临的难题，也是最容易引发官民矛盾的领域，基层领导干部务必学习城乡规划、土地管理、招标投标、城市房地产管理、政府征用征收方面的法律知识。针对实践当中长期存在的行政审批过多过滥、程序烦琐和权力寻

▤ 理论链接

我们就是在不折不扣贯彻着以宪法为核心的依宪治国、依宪执政，我们依据的是中华人民共和国宪法。……每个党政组织、每个领导干部必须服从和遵守宪法法律。

——习近平：《在省部级主要领导干部学习贯彻党的十八届四中全会精神全面推进依法治国专题研讨班上的讲话》（2015年2月2日）

首要的是学习宪法，还要学习同自己所担负的领导工作密切相关的法律法规。各级党委要重视法治培训，完善学法制度，党校、行政学院、干部学院等都要加强对领导干部法律知识的教育。

——习近平：《在省部级主要领导干部学习贯彻党的十八届四中全会精神全面推进依法治国专题研讨班上的讲话》（2015年2月2日）

租现象，务必了解行政许可方面的法律知识；为了依法有效化解群众信访难题，有必要学习和了解新时代信访工作方面的相关规定；为了推进基层政权建设，有必要学习和掌握村（居）民委员会组织法等方面的法律知识；为了推动生态文明建设，有必要学习环境保护、大气污染防治等方面的法律知识。

第三，学习和掌握一些基本的法律常识。譬如，了解一些法律的基本概念，如中国特色社会主义法律体系的基本构成（宪法、刑法、民商法、行政法、经济法、资源与环境保护法、诉讼法、军事法），法律渊源体系（法律、行政法规、部门规章、地方性法规、地方政府规章、法律解释等）；了解一些基本的法律原则，如人民主权原则、罪刑法定原则、无罪推定原则、审判公开原则、法律面前人人平等原则、诚实信用原则、公序良俗原则、正当程序原则、法不溯及既往原则等；了解国家的基本结构和国家政权机关的构成，如全国人民代表大会、中华人民共和国主席、国务院、中央军委、地方各级人民代表大会和地方各级人民政府、人民法院和人民检察院的法律地位与职权范围等。

第四，作为党的领导干部，还要学习和掌握主要的党内法规，明确党员领导干部的基本行为准则，了解党员的基本权利和义务。譬如，《中国共产党章程》《关于党内政治生活的若干准则》《领导干部廉洁从政若干准则》《中国共产党党内监督条例》《中国共产党问责工作条例》等。

3. 守法是尊法学法的延续和践行

守法是尊法学法的延续和践行。"正人者先正己，律人者先律己。"上梁正方能下梁正。全民守法的关键在于领导干部带头守法。换言之，整个社会遵守法律、坚守法律底线的风尚，首先源自领导干部对法律的遵守和坚守；整个社会法治精神的败坏，也肇始于领导干部对法治精神的违背和败坏。一言以蔽之，如果领导干部缺乏基本的守法意识，将直接败坏社会的守法精神，毁损社会公平与诚信的基石，侵蚀社会的法治底线。

全面推进依法治国，领导干部必须躬行践履，率先成为守法的模范。凡作出决策、处理问题，都要先找法律依据。有法律依据的，看看法律是如何规定的，看看所作出的决策和提出的处理意见是否符合法律的规定。对于没有法律依据的，看看上位法、宪法中有没有原则性的规定，有原则性规定的，要按照法律原则办理。有些时候，会出现法律规定之间互相冲突的情况，要按照下位法服从上位法的原则进行识别，对于同样法律效力的法律规定如发生冲突则按照新法优于旧法的原则加以处理。

在工作过程中，如果发现某个法律规定已经完全滞后于社会发展和工作需要，明显缺乏存在的正当性和合理性，可以向有权机关提出修改或废止法律的请求。在有权机关修改或废止该项法律规定之前，不应对之公然违背或顶撞。由此，才能逐步营造出办事依法、遇事找法、解决问题用法、化解矛盾靠法的法治环境和工作氛围。

4. 用法是尊法学法的目标和归宿

用法，是将法治思维转变为日常工作方法和行

📖 **理论链接**

要在全党同志特别是高级干部中进一步重申，必须坚持依法治国、依法执政、依法行政，任何人都不得违背党中央的大政方针、搞"独立王国"、自行其是，任何人都不得把党的政治纪律和政治规矩当儿戏、胡作非为，任何人都不得凌驾于国家法律之上、徇私枉法，任何人都不得把司法权力作为私器牟取私利、满足私欲。党纪国法的红线不能逾越。

——习近平：《在省部级主要领导干部学习贯彻党的十八届四中全会精神全面推进依法治国专题研讨班上的讲话》（2015年2月2日）

⚖️ **法律法规**

第三条　党政主要负责人履行推进法治建设第一责任人职责，必须坚持党的领导、人民当家作主、依法治国有机统一；坚持宪法法律至上，反对以言代法、以权压法、徇私枉法；坚持统筹协调，做到依法治国、依法执政、依法行政共同推进，法治国家、法治政府、法治社会一体建设；坚持权责一致，确保有权必有责、有责要担当、失责必追究；坚持以身作则、以上率下，带头尊法学法守法用法。

——《党政主要负责人履行推进法治建设第一责任人职责规定》

为方式的过程。对于领导干部而言，尊法学法的目标和归宿就是要将尊法的法治思维和学法得来的法律知识，运用于推动实际工作和解决实际问题。实践当中，领导干部"用法"要解决的现实问题，主要包括以下三个方面。

一是处理好依法治国与深化改革的关系。随着经济体制深刻变革、社会结构深刻变动、利益格局深刻调整、思想观念深刻变化，应当深刻认识到，只有注重发挥法治的作用，才能更好凝聚改革共识，确保改革不断推进。在全面深化改革的过程中，要善于运用法治思维与法治方式保证各项改革措施贯彻落实、改革经验和成果得到巩固；善于将改革实践纳入制度化、法治化轨道，通过发挥法治的作用和维护法治权威，提高领导改革和把握改革全局的能力与水平。

二是善于运用法治思维和法治方式推动发展。应充分认识到，法治不仅是社会治理的基本方式，也是推动经济社会全面协调可持续发展的重要法宝。法治具有普遍性、稳定性和可预期性等特点，与经济社会的可持续发展有内在联系。

三是充分发挥法治在化解矛盾、维护稳定中的作用。法治是利益协调、权益保障的根本依据，也是化解社会矛盾与冲突的有效手段。面对各种社会矛盾多发频发的现实，应更加注意运用法治思维和法治方式妥善协调利益关系，有效化解矛盾纠纷，不断促进社会公平正义。

（二）实行重大决策合法性审查与责任追究

对于领导干部而言，依法办事就是想问题、作决策、办事情，都必须紧绷法律这根准绳，坚持职权法定，坚决按规则和程序办事，自觉接受监督。在实践当中，依法治理最关键的就是要做到依法作出各项国家和社会治理事务的决策，防止违法违规决策、滥用各项决策权。

通过决策公开、民众参与、合法性审查、专家论证、风险评估等法定程序，有助于有权决策主体对多方面的矛盾和利益冲突有充分了解，确保决策制度科学、程序正当、过程公开、责任明确，及时察觉工作中的失误和偏差，使得各项决策不至于与老百姓利益之间发生剧烈的冲突和对峙，从而有利于缓和社会矛盾，实现社会稳定与和谐。各级党政机关必须积极推行政府法律顾问制度，并使法律顾问制度真正发挥作用。

应该充分认识到，以法定程序和法治方式推动决策法治化，可以防止某些人打着改革、发展、稳定的大旗行谋个人私利之实。借助法治的力量，可以对各种非科学发展、不可持续发展、违背民意的决策进行法律责任的认定和追究，以法治方式保障各项决策不偏离正道、不误入歧途。

责任是制度的保证，法律责任是必不可少的重要保障。建立重大决策责任追究、责任倒查制度，对于消除实践当中"新官不理旧账"、领导决策完拍拍屁股走人的现象大有裨益。而且，这也将成为倒逼依法决策、科学决策的"猛药"，成为防止"一言堂"冒险决策、"拍脑袋"胡乱决策的刚性条款。

📑 理论链接

把公众参与、专家论证、风险评估、合法性审查、集体讨论决定确定为重大行政决策法定程序，确保决策制度科学、程序正当、过程公开、责任明确。建立行政机关内部重大决策合法性审查机制，未经合法性审查或经审查不合法的，不得提交讨论。

积极推行政府法律顾问制度，建立政府法制机构人员为主体、吸收专家和律师参加的法律顾问队伍，保证法律顾问在制定重大行政决策、推进依法行政中发挥积极作用。

建立重大决策终身责任追究制度及责任倒查机制，对决策严重失误或者依法应该及时作出决策但久拖不决造成重大损失、恶劣影响的，严格追究行政首长、负有责任的其他领导人员和相关责任人员的法律责任。
——《中共中央关于全面推进依法治国若干重大问题的决定》

⚖ 法律法规

制定违背科学发展行为责任追究办法，强化离任责任审计，对拍脑袋决策、拍胸脯蛮干，给国家利益造成重大损失的，损害群众利益造成恶劣影响的，造成资源严重浪费的，造成生态严重破坏的，盲目举债留下一摊子烂账的，要记录在案，视情节轻重，给予组织处理或党纪政纪处分，已经离任的也要追究责任。

——《关于改进地方党政领导班子和领导干部政绩考核工作的通知》

第五条　党委主要负责人在推进法治建设中应当履行以下主要职责：

……

（三）严格依法依规决策，落实党委法律顾问制度、公职律师制度，加强对党委文件、重大决策的合法合规性审查；

……

第六条　政府主要负责人在推进法治建设中应当履行以下主要职责：

……

（二）严格执行重大行政决策法定程序，建立健全政府法律顾问制度、公职律师制度，依法制定规章和规范性文件，全面推进政务公开；

……

（五）自觉维护司法权威，认真落实行政机关出庭应诉、支持法院受理行

📖 延伸阅读

拒绝"四拍干部"

所谓"四拍干部"，即，一拍脑袋，就这么定；一拍胸脯，就这么干；一拍大腿，又交学费；一拍屁股，一走了之。"四拍干部"是对现实当中一些领导干部官僚主义作风、敷衍塞责行为的生动概括。这种随意决策、蛮干乱干的"四拍干部"既浪费了国家资源，又毁损了党和政府的权威。

具体言之，"拍脑袋"决定，指的是领导干部不了解基层情况、懒于搞实地调查，不用事实说话，遇事只凭脑袋"灵光一闪"即出决策，看似胸有成竹、运筹帷幄，实则纸上谈兵、心中无数。"拍胸脯"保证，指的是盲目决策之后把胸脯拍得震天响，信誓旦旦作承诺、表决心。"拍大腿"后悔和"拍屁股"走人，几乎就成了"拍脑袋"决策和"拍胸脯"保证之后的必然结果。决策既出，就要投入大量人力物力，而最终又兑现不了承诺、达不到预期目的，最后只能懊悔不已、拍拍屁股走人，留下一个"烂尾工程"或烂摊子。

（三）注重维护司法权威，善于运用司法手段推动工作

公正、高效、权威的司法是依法治国的根本保障。如果司法缺乏公信力、权威性，司法人员法治

素养不高、依法办案能力不强，甚至办一些人情案、关系案、金钱案，存在大量徇私枉法、司法腐败现象，那么整个法治建设的成效将丧失殆尽，民众对公平正义的最后希望就会被打破，社会将失去最底线的公平正义。这就要求各级领导干部高度重视维护司法权威和司法公正。

1. 支持司法体制改革，确保司法机关依法独立公正行使职权

党的十八大以来，中央从顶层设计的高度，就改革司法管理体制，优化司法职权配置，健全分工负责、互相配合、互相制约的司法权力运行机制，为审判机关、检察机关依法、独立、公正行使审判权、检察权创造必要的内部机制和外部条件等方面，对全国的司法改革工作进行统一部署。

完善确保依法、独立、公正行使审判权、检察权，是当前加快建设公正、高效、权威司法的重点环节。为克服实践当中的司法行政化和司法地方保护主义、重塑司法权威和公信力，要推动省以下地方法院、检察院人财物统一管理，明确各级法院职能定位，规范上下级法院审级监督关系，探索建立与行政区划适当分离的司法管辖制度，从而保证国家法律的统一正确实施。

2. 不插手具体案件处理、不干预正常的司法活动

长期以来，许多领导干部将坚持党对司法工作的领导理解为各级党委尤其是党的领导干部直接过

⚖ **法律法规**

政案件、尊重并执行法院生效裁判的制度；
……
——《党政主要负责人履行推进法治建设第一责任人职责规定》

党必须在宪法和法律的范围内活动。党必须保证国家的立法、司法、行政、监察机关，经济、文化组织和人民团体积极主动地、独立负责地、协调一致地工作。
——《中国共产党章程》

📄 **理论链接**

司法不公、司法公信力不高问题十分突出，一些司法人员作风不正、办案不廉，办金钱案、关系案、人情案，"吃了原告吃被告"，等等。司法不公的深层次原因在于司法体制不完善、司法职权配置和权力运行机制不科学、人权司法保障制度不健全。
——习近平：《关于〈中共中央关于全面推进依法治国若干重大问题的决定〉的说明》（2014年10月20日）

政法机关和政法队伍中的腐败现象，还不仅仅是一个利益问题，很多都涉及人权、人命。有的人搞了腐败，自己得了一些好处，但无辜的人就要有牢狱之灾，甚至要脑袋落地！看到

理论链接

这样的现象，群众心里当然就会有个问号，这还是共产党的天下吗？！
——习近平：《在中央政法工作会议上的讲话》（2014年1月7日）

做到严格执法、公正司法，还要着力解决领导机关和领导干部违法违规干预问题。这是导致执法不公、司法腐败的一个顽瘴痼疾。一些党政领导干部出于个人利益，打招呼、批条子、递材料，或者以其他明示、暗示方式插手干预个案，甚至让执法司法机关做违反法定职责的事。在中国共产党领导的社会主义国家里，这是绝对不允许的！
——习近平：《严格执法，公正司法》（2014年1月7日）

党委要定期听取政法机关工作汇报，做促进公正司法、维护法律权威的表率。……任何党政机关和领导干部都不得让司法机关做违反法定职责、有碍司法公正的事情，任何司法机关都不得执行党政机关和领导干部违法干预司法活动的要求。对干预司法机关办案的，给予党纪政纪处分；造成冤假错案或者其他严重后果的，依法追究刑事责任。
——《中共中央关于全面推进依法治国若干重大问题的决定》

问和插手具体案件的审理。司法机关也把听从党委领导的指示和意见当作服从党的领导。因此，领导干部打招呼、直接插手具体案件审理成为一种比较普遍的现象。针对具体个案向相关司法人员打招呼、批条子、递材料，其实就是一种典型的以权扰法的"人治"行为。即，以"领导有指示""领导有意见"等制度外、诉讼外形式干预正常的司法程序并对司法过程施加个人意志。司法机关几乎成了执行领导个人意志、谋取领导个人利益的"私人工具"。这不仅严重干扰了正常的司法活动，也大大减损了各级司法机关的公信力。

党的十八届四中全会提出建立领导干部干预司法活动、插手具体案件处理的记录、通报和责任追究制度，被社会各界看作一大亮点。这意味着，在确保司法机关依法独立公正行使职权方面有了"刚性条款"，司法人员的"抗压能力"有了实质意义的保障。这既是对领导干部带头守法、依法办事的要求的具体彰显，也是对民众反映强烈的一些领导干部以权压法、以言代法、以势压法、徇私枉法等突出问题的强有力回应，对于杜绝各种司法潜规则，消灭各种人情案、关系案、金钱案，阻止各种法外开恩和法外特权，将起到强烈的震慑和抑制作用。

显然，上述规定主要针对的是领导干部基于私心、出于私情、为了私利而过问和插手案件，以权压法、以言代法。通常意义上，人们所想到的领导干部插手具体案件、直接过问案件，大多也认为他们是出于私利和私心，是为自己的利益关系人，譬如亲戚、朋友、同学、同事等说情、递话，是以一种隐晦、秘密的方式要求办案人员给予关照甚至是法外施恩。然而，领导干部插手过问具体案件的实际情况远比我们想象的复杂。换言之，不能将领导干部插手具体案件处理，简单地理解为就是领导干部出于个人私利和私心干扰司法公正，就是办人情案、关系案、金钱案。

在很多情形下，领导干部插手具体案件并非为了个人，而是出于地方稳定和工作全局的"公心"与"公利"，不得已才过问和插手案件处理。根据《中国共产党地方委员会工作条例（试行）》的规定，地方党委对"本地区的政治、经济、文化和社会发展等各方面工作实行全面领导"。那么，对本地区经济社会发展负有全责的地方主要领导干部过问一些重大案件，在他们看来自然无可厚非。因此，也不难理解，对一些重大疑难案件，或涉及面广、敏感性强、社会关注度大的案件，领导干部常常插手过问，以示重视。

综上所述，领导干部插手个案、过问司法活动，有合法与非法之分，有公心与私心之分。就插手案件处理的主体来看，不仅有同级党政领导干部打招呼，还有上级党政领导干部打招呼；不仅有党政机

▤ 理论链接

任何人都不得把司法权力作为私器牟取私利、满足私欲。

——习近平：《在省部级主要领导干部学习贯彻党的十八届四中全会精神全面推进依法治国专题研讨班上的讲话》（2015年2月2日）

⚖ **法律法规**

第四条　司法机关依法独立公正行使职权，不得执行任何领导干部违反法定职责或法定程序、有碍司法公正的要求。

第五条　对领导干部干预司法活动、插手具体案件处理的情况，司法人员应当全面、如实记录，做到全程留痕，有据可查。

第八条　领导干部有下列行为之一的，属于违法干预司法活动，党委政法委按程序报经批准后予以通报，必要时可以向社会公开：

（一）在线索核查、立案、侦查、审查起诉、审判、执行等环节为案件当事人请托说情的；

（二）要求办案人员或办案单位负责人私下会见案件当事人或其辩护人、诉讼代理人、近亲属以及其他与案件有利害关系的人的；

（三）授意、纵容身边工作人员或者亲属为案件当事人请托说情的；

（四）为了地方利益或者部门利益，以听取汇报、开协调会、发文件等形式，超越职权对案件处理提出倾向性意见或者具体要求的；

（五）其他违法干预司法活动、妨碍司法公正的行为。

第十一条　领导干部干预司法活动、插手具体案件处理的情况，应当纳入党

关的领导干部打招呼，还有司法机关的内部领导干部打招呼。在实践当中，应当认真区分党政领导干部对司法活动的不当、非法干预与正当、合法监督，应当严格区分上级司法机关对下级司法机关的不当干预与必要的业务指导。尽管禁止领导干部插手具体案件、干预司法活动的主要目的是反对领导干部出于私心、私利私自打招呼，反对领导干部以权压法，让司法机关做违反法定职责、有碍司法公正的事情。但是，对出于"公心"和"公利"之目的对司法活动进行插手与干扰，在实践当中也应尽量避免、慎之又慎。

应该清醒地认识到，建立领导干部干预司法活动、插手具体案件处理的记录、通报和责任追究制度，并不是要削弱党对司法工作的领导，而只是改进党领导司法工作方式的一项重要制度设计。党对司法工作的领导，应当是党作为一个整体的领导，是一种政治、思想和组织领导。坚持党的领导，不是说党委包办代替、直接过问和决定案件，更不是说某个党的领导干部一个人"说了算"。必须明确的是，司法活动不属于党务活动的范畴，各级党组织不享有"准司法权"。退一步说，各级党委和党政领导干部没有必要在处理具体案件时冲在第一线，成为各种社会矛盾和利益冲突的焦点，而是应当充分认识到司法活动在化解社会矛盾、维护社会稳定中的功能和作用。

建立领导干部干预司法活动、插手具体案件处理的记录、通报和责任追究制度，将有利于实质改进党对司法工作的领导，有利于营造司法机关依法独立公正行使职权的社会条件与氛围，将大大减少司法活动中的权力寻租与司法腐败，重拳消减众人痛恶的人情案、关系案，真正做到"官"与"民"在法律面前平等。毋庸置疑，这也是向社会各界表明党的各级领导干部对司法权的克制与敬畏，对司法活动的专业性、独立性与技术性特点的尊重，从而最大限度地使我们的司法工作取信于民，同时也增强社会各界对于全面推进依法治国的信心。

3. 自觉履行生效判决、维护司法权威

党政机关和领导干部对于司法判决的尊重是强化司法权威的关键。领导干部应以身作则、率先垂范，带头尊重和维护司法权威，坚持党政机关带头履行生效判决，带头支持司法机关依法独立行使审判权和检察权，严禁以各种名义拒绝履行司法判决、藐视司法权威、挑战司法公正。

随着经济社会的发展，党政机关越来越多地参与民事经济活动，成为与公民、法人和其他社会组织法律地位平等的民事法律关系主体。在一些党政机关经商办企业拖欠债务的历史旧案中，在党政机关投资项目拖欠工程款的案件中，在党政机关购买办公设备和公务消费拖欠款项的案件中，在党政机关先签单、先消费后付款的民事纠纷案件中，在党

⚖ **法律法规**

风廉政建设责任制和政绩考核体系，作为考核干部是否遵守法律、依法办事、廉洁自律的重要依据。

——《领导干部干预司法活动、插手具体案件处理的记录、通报和责任追究规定》

第五条 党委主要负责人在推进法治建设中应当履行以下主要职责：

......

（四）支持本级人大、政府、政协、法院、检察院依法依章程履行职能、开展工作，督促领导班子其他成员和下级党政主要负责人依法办事，不得违规干预司法活动、插手具体案件处理；

......

第六条 政府主要负责人在推进法治建设中应当履行以下主要职责：

......

（五）自觉维护司法权威，认真落实行政机关出庭应诉、支持法院受理行政案件、尊重并执行法院生效裁判的制度；

......

——《党政主要负责人履行推进法治建设第一责任人职责规定》

理论链接

健全行政机关依法出庭应诉、支持法院受理行政案件、尊重并执行法院生效裁判的制度。完善惩戒妨碍司法机关依法行使职权、拒不执行生效裁判和决定、藐视法庭权威等违法犯罪行为的法律规定。

——《中共中央关于全面推进依法治国若干重大问题的决定》

把法治建设成效作为衡量各级领导班子和领导干部工作实绩重要内容，纳入政绩考核指标体系。把能不能遵守法律、依法办事作为考察干部重要内容，在相同条件下，优先提拔使用法治素养好、依法办事能力强的干部。对特权思想严重、法治观念淡薄的干部要批评教育，不改正的要调离领导岗位。

——《中共中央关于全面推进依法治国若干重大问题的决定》

我们党选拔任用干部的标准就是德才兼备，而法治观念、法治素养是干部德才的重要内容。用人导向最重要、最根本、也最管用。如果我们不是把严守党纪、严守国法的干部用起来，而是把目无法纪、胆大妄为、飞扬跋扈的干部用起来，那就必然会造成"劣币驱逐良币"现象。要抓紧对领导干部推进法治建设实绩的考核制度进行设计，对考核结果运用

政机关承担国家赔偿责任的案件中，由于法院判决的责任主体和"被执行人"是党政机关，很容易造成实践当中涉党政机关等特殊主体案件的"执行难"问题。

简而言之，一些党政机关以权压法、以势压法，拒绝履行生效判决，直接挑战司法权威。党政机关拒绝履行法院生效判决，不仅损害对方当事人的合法权益，而且大大影响了党和政府形象，影响人民群众对依法治国的信心，还容易引起相关当事人越级涉法上访，影响社会稳定。

（四）法治建设成效纳入政绩考核评价体系

为提高领导干部法治思维与运用法治方式解决问题的能力，应该把法治建设成效作为衡量各级领导班子和领导干部工作实绩的重要内容，纳入政绩考核指标体系。在提拔使用领导干部的问题上，也要把法治思维与依法办事能力作为一项重要的内容。把能不能遵守法律、会不会依法办事作为考察干部的重要依据。这是保证领导干部坚持法治思维的组织措施，对于提升领导干部依法治理能力具有极为重要的引导与推动作用。

1. 以法治思维建立科学的干部政绩考核评价机制

在推动领导干部依法治理能力建设的过程中，党委组织部门的用人导向极其重要，是一种行之有效的激励因素。干部政绩考核指标是推动各项工作

的重要的指挥棒和行动指南。可以说，在实践当中，上级的考核是基层工作中最重要的"法"。还有同志说，在处理很多事情的过程中，基层更多注重上级领导的指示和意图，如上级有考核任务，即使与法律法规相矛盾，也要照考核指标要求去执行。

长期以来，一些人法治素养不高却当上领导干部，依法办事能力不强却一路高升，这其实反映了当前干部选拔任用上存在的突出问题。"唯GDP至上""GDP论英雄"的考核机制，使得基层干部的工作重心都放在经济建设上，而忽略了环境保护、民生保障、医疗卫生等基本公共服务体系建设，一定程度上使得地方发展成为一个"跛脚"的经济巨人。这种发展模式的弊端已经充分显露出来：对环境不加约束地破坏、对资源不加节制地开发，正在威胁我们这个社会的可持续发展；与民争利，也衍生出愈演愈烈的官民矛盾和严重的社会信任危机。为了追求GDP，有的地方甚至出现了入不敷出的发展方式，债台高筑、濒临破产。

事实证明，只有以法治思维建立科学的干部政绩考核，只有全面客观地评价一个地方经济社会发展取得的成果和干部的政绩，实现干部考核的科学化、规范化、全面化，才能迅速改变领导干部的传统发展观念，真正实现经济发展的目标与依法治理等目标的统合。

为此，各级党委、政府应抓紧落实这项用人机

📑 **理论链接**

作出规定。还要制定具体规定，讲清楚党政主要负责人在推进法治建设方面要履行的具体职责，让大家明白需要做什么、怎么做。

——习近平：《在省部级主要领导干部学习贯彻党的十八届四中全会精神全面推进依法治国专题研讨班上的讲话》（2015年2月2日）

要把法治素养和依法履职情况纳入考核评价干部的重要内容，让尊法学法守法用法成为领导干部自觉行为和必备素质。

——习近平：《在中央全面依法治国工作会议上的讲话》（2020年11月16日）

⚖ **法律法规**

第五条　党委主要负责人在推进法治建设中应当履行以下主要职责：

......

（五）坚持重视法治素养和法治能力的用人导向，加强法治工作队伍建设和政法机关领导班子建设；

......

第七条　党政主要负责人应当将履行推进法治建设第一责任人职责情况列入年终述职内容，上级党委应当对下级党政主要负责人履行推进法治建设第一责任人职责情况开展定期检查、专项督查。

⚖ **法律法规**

第八条　上级党委应当将下级党政主要负责人履行推进法治建设第一责任人职责情况纳入政绩考核指标体系，作为考察使用干部、推进干部能上能下的重要依据。

——《党政三要负责人履行推进法治建设第一责任人职责规定》

第四条　党的纪律处分工作应当坚持以下原则：

……

（二）实事求是。对党组织和党员违犯党纪的行为，应当以事实为依据，以党章、其他党内法规和国家法律法规为准绳，准确认定违纪性质，区别不同情况，恰当予以处理。

——《中国共产党纪律处分条例》

第九条　党政主要负责人不履行或者不正确履行推进法治建设第一责任人职责的，应当依照《中国共产党问责条例》等有关党内法规和国家法律法规予以问责。

——《党政主要负责人履行推进法治建设第一责任人职责规定》

制上的重大改革任务，把法治建设成效作为衡量各级领导班子和领导干部实绩的重要内容，纳入政绩考核指标体系。以提高领导干部依法治理能力为出发点和落脚点，设计出与中央文件精神相衔接又符合当地实际，具有可操作性、实效性的考核标准和考核项目。努力纠正过去单纯以经济增速来评定政绩的做法，真正把能不能遵守法律、能不能依法办事等法治素养和依法办事能力纳入考察干部的重要内容。在相同条件下，要优先提拔使用法治素养好、依法办事能力强的干部。对于特权思想严重、法治观念淡薄的干部要进行批评教育，不改正的不能提拔甚至要调离领导岗位。

2. 以法治思维建立科学的干部问责机制

在实践当中，针对干部群体的问责机制不科学，没有做到依法依规问责。很多同志反映，在现行"一票否决"的巨大压力之下，基层工作到处面临"高压线"，缺乏宽松的氛围和创新试错的空间，基层干部整日提心吊胆，感觉危机四伏、身心疲惫，没有从容平和的心态去创新和改进工作。这也导致了基层工作的目的主要是"不出事"。万一出了事，就要不计后果、不计代价地"搞定"和"摆平"，推诿卸责。为了"不出事"，很多干部放弃了探索工作新思路和尝试新举措的机会，不愿意做事，只是一味本本主义、不折不扣地落实上级指示，"宁肯不发展也不犯错误"。在这种工作氛围之下，基层干部的头脑和手脚都被束缚住了，地方发展难以有突破和创新。

反观现实，既存在有责不究的情况，也存在过度追责、选择性追责的问题。我们看到，一些地方发生安全生产事故、大规模群体性事件或遭遇负面新闻，上级很多时候不问是非曲直就问责、火速撤换干部，以此平息舆论旋涡。但是时隔不久免职干部又官复原级。显然，这种问责方式难以让人心服口服，也难以取信于民。上级在处理突发事件过程中，只希望迅速息事宁人，而不顾合法与否，不问过程只问结果，只听舆论呼声而不问事情原委，虽然短期内能平息民愤，但是从长远看不利于树立法治权威。

以法治思维和法治方式进行追责和问责，必须辅以充分的事实证据和正当的程序。只有依法问责，才能使责任追究本身具有正当性和道义性。为此，只有建立科学、规范的干部问责机制，才能卸下干部巨大的心理负担，让他们放下包袱、放开手脚、施展才华，增添创新和担当意识，也才能取信于民、让民众信服。

（五）以从严治党促进带头守法，以严肃党纪促进尊重法治

各级领导干部通常既是国家机关的领导人，也是党的组织的领导人。因此，他们既要遵守国法，

理论链接

注重党内法规同国家法律的衔接和协调，提高党内法规执行力，运用党内法规把党要管党、从严治党落到实处，促进党员、干部带头遵守国家法律法规。

党的纪律是党内规矩。党规党纪严于国家法律，党的各级组织和广大党员干部不仅要模范遵守国家法律，而且要按照党规党纪以更高标准严格要求自己，坚定理想信念，践行党的宗旨，坚决同违法乱纪行为作斗争。对违反党规党纪的行为必须严肃处理，对苗头性倾向性问题必须抓早抓小，防止小错酿成大错、违纪走向违法。
——《中共中央关于全面推进依法治国若干重大问题的决定》

还必须遵守党规，而且要将党规与国法自觉地结合起来、一并遵从。党规与国法具有不同的本质属性、内容形式与适用范围，但党规党纪通常严于国家法律。党的各级组织和广大党员干部既要模范遵守国家法律，还要按照党规用更高标准严格要求自己。党规要求更高，国法处罚更重，要使二者协调起来、共同作用。充分利用党章比国法更严的要求从严治党，以严肃党纪促尊重法治。

综上所言，在全面推进依法治国的时代大局之下，各级领导干部不断提高依法治理能力，是最大限度降低公权力违法滥用的风险，最大限度彰显社会公平正义，最大限度推动改革与发展的必然要求，也是最大限度凝聚社会共识、维护人民权益、促进人民的美好生活，用法治保障人民安居乐业的题中要义。